Dis, pourquoi ?

LA NOUVELLE ENCYCLOPÉDIE DE LA JEUNESSE

Dis, pourquoi ?

Textes de :
Daniel Alibert-Kouraguine
Jean-Jacques Barloy
Pierre Kohler
Pierre Trocheris

HACHETTE

Auteurs

Neil Ardley
Mark Lambert
Christopher Maynard
James Muirden
Christopher Pick
Brian Williams
Jill Wright

Illustrateurs

Bob Bampton/The Garden Studio
Norma Burgin/John Martin & Artists
Paul Crompton/John Martin & Artists
Dave Etchell & John Ridyard
Oliver Frey/Temple Art Agency
Jerry Hoare/John Martin & Artists
Ron Jobson/Tudor Art Agency
Tony Payne
Mike Roffe
Mike Saunders/Jillian Burgess
Charlotte Styles
Tammy Wong/John Martin & Artists

Sommaire

PLANTES ET ANIMAUX

DÉCOUVRONS NOTRE CORPS

LES CURIOSITÉS DE LA SCIENCE

LES TRANSPORTS MODERNES

OBSERVONS LE CIEL

NOTRE PLANÈTE : LA TERRE

NOTRE PASSÉ

COUTUMES ET TRADITIONS

ART, SPORTS ET LOISIRS

Plantes et animaux

▸ Qu'est-ce qui caractérise les êtres vivants ?

Les êtres vivants sont extrêmement variés, depuis les organismes minuscules, à une cellule, jusqu'aux arbres géants et aux grands mammifères.

Tous les êtres vivants consomment de la nourriture. Ils en utilisent une partie pour leur croissance et une autre pour créer l'énergie qui leur est nécessaire. Cela implique une absorption d'oxygène et un rejet de gaz carbonique, ce que l'on appelle la respiration. La nourriture inutilisée est rejetée.

Deux autres caractères importants sont la mobilité et la sensibilité. Surtout apparents chez les animaux, ils existent aussi chez les plantes. Le dernier caractère commun aux êtres vivants est qu'ils peuvent se reproduire.

▾ Pourquoi les plantes sont-elles vertes ?

Les plantes les plus évoluées fabriquent leur propre nourriture. Pour cela, elles possèdent, dans leurs cellules, de grandes quantités d'une substance verte, la chlorophylle. C'est elle qui donne aux plantes leur couleur verte.

Les plantes fabriquent leur nourriture par un procédé appelé photosynthèse. A partir de l'eau et du gaz carbonique, elles fabriquent des substances « organiques », notamment du sucre. Elles n'ont besoin pour cela que de l'énergie provenant de la lumière du Soleil. Et une substance verte, un « pigment », la chlorophylle, est indispensable à ce procédé, appelé photosynthèse ou encore assimilation chlorophyllienne.

▸ Pourquoi les plantes ont-elles besoin d'eau ?

Privées d'eau, les plantes se flétrissent et meurent. En effet, elles perdent de l'eau par leurs feuilles : c'est pourquoi elles ont constamment besoin d'en puiser dans le sol par leurs racines.

Plus des 90 pour 100 d'une plante sont... de l'eau. Et cela est vital pour elle. D'abord, les réactions chimiques qui se font dans ses cellules nécessitent de l'eau. Le processus de la photosynthèse, par exemple, se fait à partir de l'eau. Ensuite, l'eau contribue à ce que les cellules demeurent rigides. Si elles manquent d'eau, elles deviennent flasques et la plante se flétrit.

La plante perd de l'eau par de petits orifices, les stomates, situés sous les feuilles. C'est la transpiration, comme chez nous. Elle est utile, car cette évaporation permet à la plante de rester fraîche. Surtout, la montée de l'eau depuis les racines apporte avec elle des minéraux du sol, vitaux pour la plante.

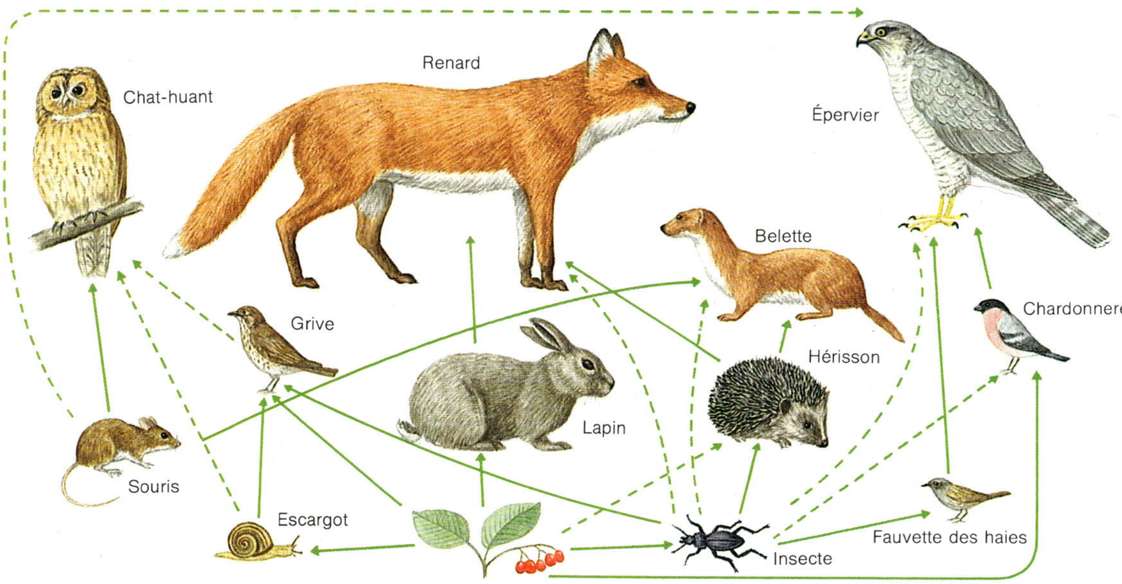

▲ Qui mange quoi ?

Chaque animal, chaque plante se nourrit d'autres êtres vivants, ou est absorbé par eux. Les plantes sont mangées par les animaux herbivores, qui sont dévorés par les carnivores, lesquels peuvent être la proie de carnivores plus gros. Cela constitue une chaîne alimentaire.

Une chaîne alimentaire simple comprend une plante, un animal herbivore et un ou plusieurs carnivores. En général, la situation est plus compliquée. La plupart des animaux ont une nourriture variée et peuvent être eux-mêmes la proie de plusieurs carnivores, ou prédateurs.

La figure montre certains des animaux qui vivent dans les champs. La nourriture habituelle de chacun est indiquée par une ligne continue, leur nourriture non habituelle par une ligne pointillée. Les animaux végétariens, comme les lapins, les campagnols, les escargots et certains insectes mangent les feuilles. D'autres petits mammifères, des oiseaux, divers insectes se nourrissent de fruits et de graines. A leur tour, les uns et les autres sont la proie d'animaux plus gros. A l'extrémité de la chaîne se situent les prédateurs de forte taille : renards, rapaces.

En réalité, la chaîne ne se termine pas avec eux. Les dépouilles des animaux et des végétaux morts sont attaquées par les microbes et les moisissures qui habitent le sol.

► Pourquoi beaucoup de plantes perdent-elles leurs feuilles à l'automne ?

Beaucoup de plantes, des arbres notamment, perdent leurs feuilles pour résister aux froids de l'hiver. Elles vivent alors d'une façon « ralentie », évitant de perdre de l'eau et de geler.

Feuille de hêtre (arbre à feuilles caduques)

Feuille de hêtre en automne

Aiguilles de pin (conifère)

Dans nos régions tempérées, le sol est trop froid l'hiver pour que la plupart des arbres puissent y trouver de l'eau. La chute de leurs feuilles à l'automne permet à ces arbres, dits arbres à feuilles caduques, de subsister tout l'hiver sur leurs réserves d'eau. Auparavant, la chlorophylle de leurs feuilles a disparu. Celles-ci possèdent alors d'autres pigments, jaunes, orange ou rouges, qui donnent à ces arbres leurs magnifiques teintes automnales.

D'autres arbres gardent leurs feuilles tout l'hiver. Ce sont surtout des conifères, comme les pins et les sapins. Ils vivent dans des endroits où l'eau est rare. Leurs feuilles sont étroites, en forme d'aiguilles, et ne laissent presque pas évaporer l'eau.

► A quoi servent les fleurs ?

Les fleurs servent à la reproduction des plantes. Elles produisent des graines qui donneront de nouvelles plantes. Elles ont souvent des pétales aux couleurs vives, qui entourent les organes mâles et femelles.

Toutes les parties d'une fleur ont un rôle important. Elles sont portées par un support renflé, le réceptacle. A l'extérieur de la fleur s'observent les sépales, à l'allure de feuilles. Ils recouvrent le bourgeon avant que la fleur s'ouvre. A l'intérieur des sépales, voici les pétales. Brillamment colorés, ils attirent les insectes.

Les étamines sont les organes mâles. Chacune comporte, à l'extrémité d'un long filament, une anthère composée de quatre sacs à pollen. Au cœur de la fleur, le pistil contient les organes femelles. Chacun est constitué d'un ovaire et d'un stigmate. Celui-ci sert à recevoir les grains de pollen. Dans l'ovaire se trouvent les ovules. Ces ovules (femelles) sont fertilisés par les grains de pollen (mâle) apportés par le vent ou les insectes.

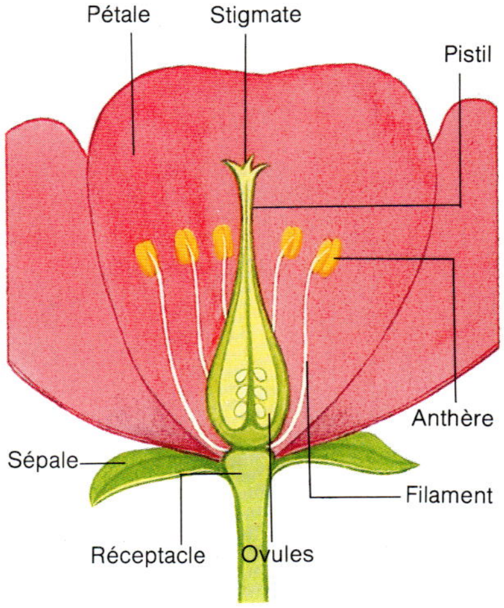

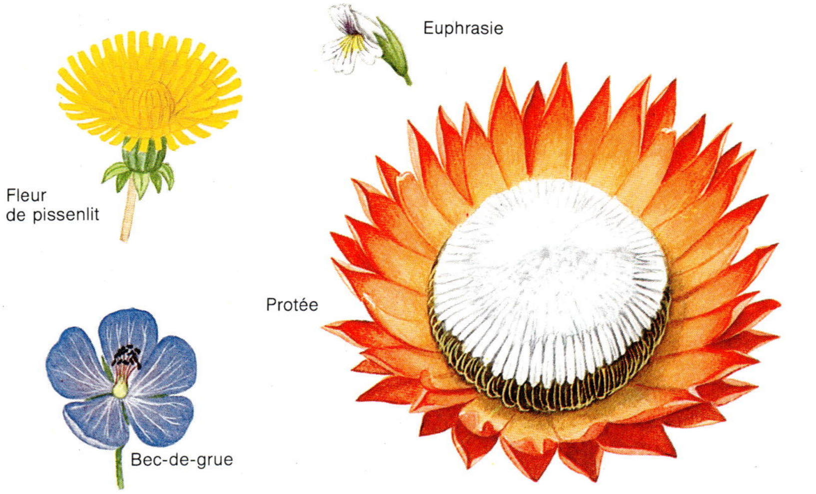

▲ Pourquoi les fleurs ont-elles souvent des couleurs brillantes ?

Le transport du pollen d'une fleur à l'autre — ce que l'on appelle la pollinisation — est souvent réalisé par des insectes.

Différents animaux « pollinisent » les fleurs : ce sont surtout des insectes. Ceux-ci sont attirés par la couleur et l'odeur des fleurs. Souvent, les pétales présentent des lignes et des marques qui guident l'insecte vers le nectar qui se trouve au fond de la fleur. Les fleurs pollinisées par les insectes sont bleues, jaunes, roses ou blanches. En fait, les insectes ne voient pas les mêmes couleurs que nous. Pour une abeille, par exemple, le rouge est gris, mais elle est sensible aux rayons ultraviolets : aussi une fleur blanche ou jaune doit lui paraître bleue.

Sous les Tropiques, des oiseaux (comme les colibris), des chauves-souris, des rongeurs, des marsupiaux pollinisent aussi les fleurs.

Dans tous les cas, l'animal, insecte, oiseau ou autre, emporte involontairement quelques grains de pollen d'une fleur et les transporte sur une autre.

◄ Pourquoi les insectes sont-ils nécessaires à de nombreuses plantes ?

Les insectes sont nécessaires à beaucoup de plantes, parce qu'ils transportent le pollen de l'une à l'autre. Ce mode de pollinisation est très favorable à la santé des plantes.

Parfois, le pollen des étamines d'une fleur féconde l'ovaire de la même fleur. Dans d'autres cas, le pollen doit aller d'une plante à une autre : le résultat est meilleur, car il donne des plantes plus vigoureuses. La pollinisation à l'intérieur de la même fleur n'est en général qu'une solution de secours.

Pour l'éviter, les plantes possèdent des moyens fort ingénieux. Parfois, les étamines et le pistil mûrissent à des moments différents. Chez certaines plantes existent plusieurs sortes de fleurs qui ont leurs étamines et leur pistil disposés de façons variées. Les fleurs de pois, par exemple, ont des clapets qui empêchent les insectes de déposer le pollen d'une fleur sur le stigmate de cette même fleur.

▲ Pourquoi certaines fleurs sont-elles peu colorées ?

Beaucoup de plantes sont pollinisées par le vent. Elles n'ont donc pas besoin d'avoir des fleurs aussi grandes et voyantes que celles qui doivent attirer les insectes. Leurs fleurs ont peu de pétales, ou pas du tout.

Les plus nombreuses des plantes pollinisées par le vent sont les graminées, c'est-à-dire les « herbes » et les céréales, telles que le blé, l'orge, le riz, le maïs. Leurs fleurs n'ont pas de pétales, mais sont protégées par des sortes de petites feuilles.

D'autres plantes comme les joncs et certains arbres ou arbustes sont de même pollinisés par le vent : c'est le cas du noisetier, du bouleau, de l'aulne et du saule. Ces arbres ont des fleurs soit mâles, soit femelles : chez les saules, il y a même des arbres mâles et des arbres femelles. Les fleurs mâles sont groupées en « chatons » ; les fleurs femelles forment des chatons plus petits ou des sortes de cônes.

◄ Pourquoi certaines fleurs ont-elles autant de pollen ?

La pollinisation par le vent demande beaucoup de chance pour réussir. Aussi, les fleurs qui sont pollinisées de cette façon doivent-elles produire beaucoup de pollen. De plus, les stigmates de ces fleurs ont un aspect de filet, ce qui leur permet de mieux « attraper » ce pollen.

Une seule fleur de seigle produit environ 50 000 grains de pollen, et d'un unique chaton de bouleau s'en échappent plus de cinq millions ! Les étamines des fleurs pollinisées par le vent sont grandes et pendent à l'extérieur de celles-ci. Quand elles sont mûres, les anthères s'ouvrent, répandant des « nuages » de pollen. La plus grande quantité en est perdue, mais des grains « atterrissent » tout de même sur les stigmates des fleurs femelles, qui, souvent grands et « emplumés », agissent comme des filets.

Malgré son gaspillage, la pollinisation par le vent est très efficace. Le pollen se répand facilement parmi les hautes tiges des graminées.

► Pourquoi y a-t-il des plantes sans fleurs ?

Les mousses et les fougères ne produisent pas de graines, mais des spores, avec lesquelles elles se reproduisent. Ces plantes n'ont donc pas besoin de fleurs pour leur reproduction.

Chez les mousses, les cellules sexuelles se développent parmi les feuilles : les cellules mâles « nagent », lorsqu'il a plu, jusqu'aux cellules femelles...

Quand une cellule femelle a été ainsi fécondée, elle se transforme en une capsule portée par une tige, qui contient des milliers de petites spores. Lorsqu'elle est mûre, les spores se répandent : chacune est capable de donner au moins une nouvelle mousse.

Les fougères aussi produisent des spores. Mais celles-ci se développent sur les feuilles des plantes adultes. Une fois tombée au sol, chaque spore donne une petite « plante » en forme de cœur, le prothalle. Celui-ci développe des cellules mâles et femelles, dont l'union sera à l'origine d'une nouvelle fougère.

◄ Quels fruits ont des ailes et des parachutes ?

Le vent est bien utile pour éparpiller les graines. Certaines sont d'ailleurs très légères. D'autres possèdent des « ailes » ou des « parachutes » qui les aident à voler.

De nombreuses graines sont emportées par le vent ; aussi certains fruits sont-ils « équipés » pour cela. Nous connaissons tous le fruit du pissenlit muni d'une « aigrette » qui joue un rôle de parachute et qui s'envole au moindre souffle. Les graines des saules ont des sortes de plumes. Les fruits de certaines clématites ont des « queues » poilues grâce auxquelles le vent les emporte.

Les fruits ailés les plus extraordinaires sont ceux de certains arbres. Le fruit de l'érable appelé samare, possède deux petites ailes, qui lui permettent de descendre en vrille. Celui du frêne n'a qu'une seule aile, longue et aérodynamique.

▲ Quels sont les fruits qui explosent ?

Il existe un autre moyen de disséminer des graines : les projeter à distance comme font certains fruits.

Ces fruits « explosifs » ont l'aspect de capsules ou de gousses. Ils perdent peu à peu de l'eau et, devenus secs, ils se fendent et projettent leurs graines.

Le cytise, comme d'autres plantes de la famille des pois, possède de longues gousses. Lorsqu'une gousse de cytise s'est desséchée, elle s'ouvre avec un bruit sourd. Ses deux moitiés se tordent subitement, expulsant leurs graines. Les gousses des ajoncs font de même, mais les graines de ces plantes ont des bosses huileuses et peuvent être transportées par les fourmis.

Certains fruits explosifs ne se dessèchent pas mais se gonflent d'eau. C'est le cas de ceux de la balsamine qui projettent leurs graines dès qu'on y touche : aussi a-t-on surnommé cette plante « Ne-me-touchez-pas ».

► Quels fruits sont transportés par les animaux ?

Beaucoup de plantes « utilisent » les animaux pour transporter leurs graines, notamment lorsqu'elles sont contenues dans des fruits juteux ou des fruits à crochets.

Des animaux peuvent transporter des fruits sur une grande distance. Les fruits juteux, comme ceux de la mûre et de l'aubépine, sont fort appétissants pour les oiseaux et les rongeurs. Ceux-ci avalent donc les graines qu'ils contiennent, et les rejettent intactes dans leurs excréments.

Les fruits de nombreuses plantes ne sont munis que d'un petit crochet, ainsi celui de la bardane, tandis que celui du grateron en possède de nombreux.

Certains animaux disséminent les fruits... en les oubliant ! C'est le cas de l'écureuil qui emmagasine pour l'hiver glands et noisettes, et, ensuite, oublie l'endroit où il les a cachés...

Les insectes aussi contribuent à transporter des fruits.

▼ Comment l'arum piège-t-il les insectes ?

L'arum est « sûr » d'être pollinisé. Son odeur de pourriture attire les mouches qui tombent dans son cornet. Elles pollinisent les fleurs femelles. Puis, elles se couvrent de pollen et, enfin, sont relâchées.

Voici, dans l'une de nos forêts, un pied d'arum. Des mouches explorent ses fleurs, groupées dans le bas d'une sorte de massue (spadice). Le cornet qui l'enveloppe sent très mauvais et attire les insectes.

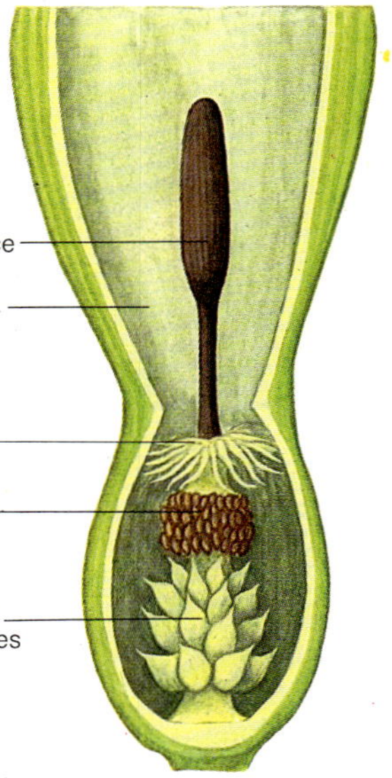

Ceux-ci parviennent à franchir les poils qui ferment le fond du cornet, mais ils ne peuvent plus en ressortir, à cause de la rigidité de ces poils ! Ils fécondent les fleurs femelles avec le pollen venant d'autres arums. Quand les fleurs mâles sont mûres, les insectes se couvrent de leur pollen. Et comme les poils, maintenant flétris, ne forment plus de barrière, ils s'en vont polliniser un autre pied d'arum.

▼ Que sont les bulbes et les rhizomes ?

Certaines plantes supérieures se reproduisent sans fleurs. Une nouvelle plante pousse à partir de leurs feuilles ou de leurs tiges. Les bulbes et les rhizomes sont des tiges qui produisent de nouvelles plantes.

Un bulbe est une tige très courte aux feuilles charnues, bourrées de réserves de nourriture. Il se forme entre les bases des feuilles.

Chez certaines plantes, un nouveau bulbe se développe au bas du pied fleuri, au-dessus de l'ancien bulbe qui meurt.

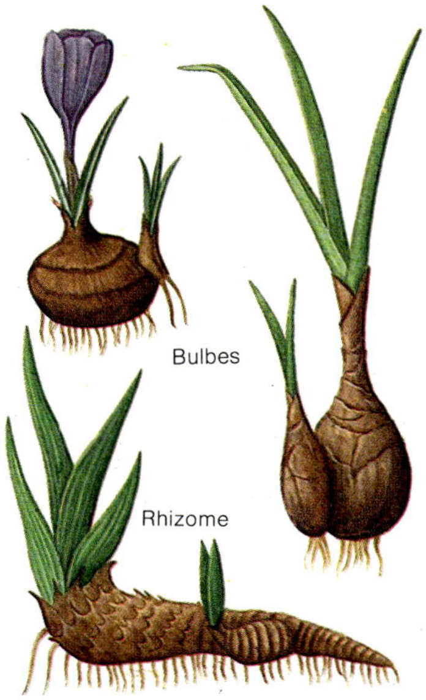

Un rhizome est une tige souterraine et horizontale, d'où poussent des pieds espacés. Chez le chiendent, par exemple, les rhizomes sont longs et minces. Ceux des iris sont, au contraire, épais : ce sont des réserves de nourriture.

Chez la pomme de terre, les rhizomes, longs et minces, se renflent à certains endroits pour devenir de gros tubercules. Ceux-ci sont de même des réserves alimentaires : de nouveaux pieds se développent à partir d'eux.

▼ Pourquoi certaines plantes sentent-elles mauvais ?

Certaines plantes attirent les insectes d'une façon originale, non pas en sentant bon mais en dégageant une odeur de viande pourrie. Elles attirent ainsi certaines mouches.

La plus célèbre des plantes à mauvaise odeur est la rafflesia du Sud-Est asiatique, qui est aussi la plus grande fleur du monde : elle attire les mouches par son odeur et par ses pétales rouge-brun.

Rafflesia

Les stapelias, plantes grasses africaines, ont aussi une mauvaise odeur. Les mouches à viande croient tellement avoir affaire à de la viande pourrie qu'elles pondent sur la plante. Mais quand les asticots éclosent, ils meurent, faute de nourriture.

Les arums attirent aussi les mouches par l'odeur de leur fleur : celle-ci se compose d'une massue en partie enveloppée dans une sorte de cornet vert. Une espèce tropicale voisine des arums mesure deux mètres : son odeur est celle du poisson pourri.

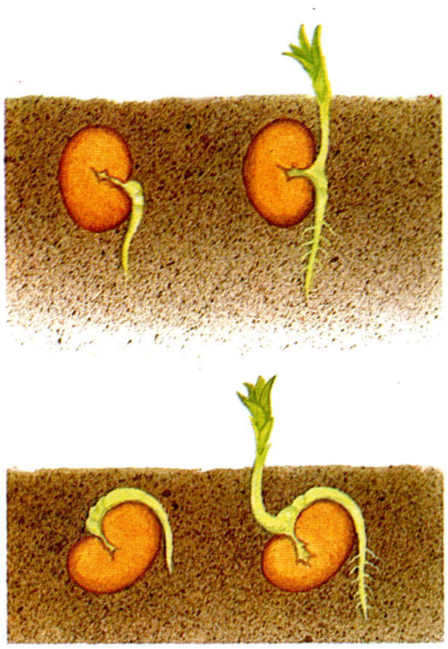

◂ Pourquoi les tiges poussent-elles vers le haut et les racines vers le bas ?

Pour qu'une plante vive, ses racines doivent s'enfoncer dans le sol afin d'y puiser, notamment, de l'eau. Et ses tiges doivent monter vers le ciel pour capter la lumière du Soleil.

Quand une graine germe, la façon dont elle est posée sur le sol n'a pas d'importance. La tige se dirigera toujours vers le haut, et la racine vers le bas. Si vous retournez une jeune plante en train de pousser, la tige se recourbera pour continuer à monter, et la racine fera de même pour s'enfoncer à nouveau dans la terre.

En effet, il faut absolument, pour la plante, que la racine puise de l'eau dans le sol et que la tige et les feuilles montent vers le soleil : sinon, la photosynthèse ne se produirait pas.

Cette croissance est contrôlée par des substances, les hormones. Si elle se produit dans le mauvais sens, les hormones la ralentissent d'un côté afin qu'elle reprenne la bonne direction.

▸ Pourquoi les plantes se penchent-elles vers la lumière ?

Les plantes ont besoin de lumière pour la photosynthèse. Elles peuvent ressentir la direction d'où vient la lumière et elles pousseront de ce côté-là.

Vous pouvez vous-même observer l'effet de la lumière sur les plantes. Prenez des plantes qui ont poussé en plein air. Mettez-les à l'intérieur près d'une fenêtre. Bientôt, elles se pencheront toutes vers la lumière.

Cette capacité à détecter la lumière est capitale pour la plante, car c'est grâce à la lumière qu'elle peut « fabriquer » ses aliments (phénomène de la photosynthèse).

Dans certains endroits, par exemple au pied d'une haie, les plantes doivent être capables de pousser vers l'extérieur pour atteindre la lumière. Cette capacité est appelée le phototropisme. Elle est contrôlée par les hormones.

◂ Les plantes sont-elles sensibles ?

Beaucoup de plantes réagissent lorsqu'on les touche, et parfois de façon vive. Certaines semblent « entendre ». Mais elles n'éprouvent sans doute ni souffrance ni émotion.

Les plantes ressentent certaines excitations. Elles sont sensibles à la lumière et à la pesanteur, parfois même au toucher.

Quand l'on touche doucement une sensitive, une seule feuille s'affaisse. Mais si la plante est davantage atteinte, elle réagit dans son ensemble. Cela montre qu'un véritable « message » se transmet à toute la plante.

On a aussi découvert que des plantes poussent plus vite si l'on joue de la musique près d'elles. Selon certaines personnes, les plantes pourraient même communiquer par télépathie et ressentir des émotions et de la souffrance. Mais cela n'est pas prouvé. Si les plantes sont dotées de sensibilité, elles ne peuvent pas du tout être comparées aux animaux à ce point de vue.

► Pourquoi certaines plantes mangent-elles des animaux ?

Les plantes qui poussent sur de mauvais sols ont du mal à trouver les substances dont elles ont besoin. Certaines d'entre elles ont « mis au point » une solution : elles tuent et mangent des animaux. Ce sont les plantes carnivores.

Dans les marais, les plantes peuvent manquer des substances nécessaires à leur vie, comme l'azote. Dans les tourbières, on rencontre la droséra, qui a résolu le problème à sa manière.

Les feuilles d'une droséra ont des tentacules. A l'extrémité de chacun est visible une goutte de liquide gluant. Et voici qu'un insecte se pose sur l'une de ces feuilles. Il est pris au piège. Il s'y colle. Il ne peut plus s'envoler. Les tentacules voisins se rabattent sur lui. Ils produisent des enzymes grâce auxquels la feuille va digérer l'insecte. La plante absorbe ainsi les parties les plus tendres de celui-ci. Le reste, lorsque les tentacules se seront écartés, sera emporté par le vent.

▲ Quelle autre plante possède un piège à insectes ?

La dionée attrape-mouches dispose de terribles pièges à l'extrémité de ses feuilles. Lorsqu'un insecte étourdi s'y pose, le piège se referme sur lui et il est digéré.

Les dionées poussent dans les marais des États-Unis. Leur piège se compose de deux lobes, bordés de baguettes. A l'intérieur de celles-ci, des glandes odorantes attirent les insectes. De plus, chaque lobe possède trois poils servant de déclics.

Si un insecte se pose sur la feuille, il risque de toucher l'un des poils. S'il le heurte une deuxième fois, ou s'il touche un autre poil, le lobe se referme en un quart de seconde !

Ensuite, les lobes, en se rapprochant, l'écrasent. Des glandes sécrètent un acide qui détruit les parties tendres de l'insecte et les transforme en un liquide qui est digéré. Puis le piège se rouvre.

◄ Quelles plantes capturent des animaux sous l'eau, dans des « outres » ?

L'utriculaire capture ses proies à l'aide de petites « outres », les utricules, portées par ses feuilles. Les animaux qui s'en approchent de trop près sont « aspirés » et meurent.

Les utriculaires sont des plantes aquatiques qui dérivent dans les eaux douces, près de la surface. Seules les pointes de leurs fleurs dépassent de l'eau. Chaque outre est en forme de bouteille, avec une ouverture bordée de poils. Elles ressemblent à de petits crustacés : peut-être est-ce pour cela qu'elles attirent, par exemple, les minuscules daphnies ou « puces d'eau » cherchant un abri.

Si l'animal touche l'un des poils de l'outre, elle s'ouvre et l'eau s'y engouffre, y entraînant la proie. Celle-ci meurt et pourrit. Ses débris sont absorbés par les glandes situées dans l'outre...

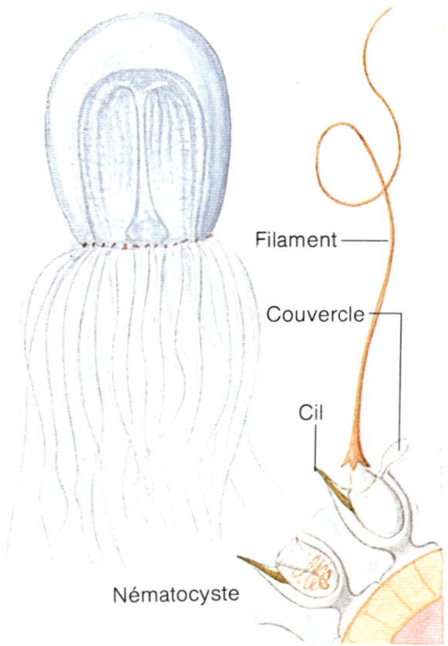

◂ Pourquoi une méduse pique-t-elle ?

Les méduses et leurs parents, par exemple les anémones de mer ou actinies, capturent leurs proies avec leurs tentacules couverts de cellules venimeuses.

Les tentacules d'une méduse sont en effet couverts de cellules qui sécrètent du venin. Chacune comporte une minuscule ampoule pleine de poison. Dans cette ampoule trempe un filament enroulé en spirale. A l'extérieur de la cellule est situé un petit cil. Si le cil heurte un animal, le couvercle de l'ampoule s'ouvre, le filament se déroule et est projeté à l'extérieur : il inocule le venin à l'animal (ou au baigneur) qu'il frappe.

Chez certaines espèces, le filament est muni de petites « barbes ». Parfois il est capable de transpercer la peau de la victime.

Lorsque la proie a été capturée et immobilisée, la méduse l'amène à sa bouche avec le filament.

Mieux vaut éviter les méduses, surtout lorsqu'elles pullulent ; il peut en effet y en avoir de gigantesques invasions. Et certaines espèces sont de très grande taille.

▸ Que mangent les patelles ?

Les patelles, comme bien d'autres coquillages, se nourrissent de petites algues.

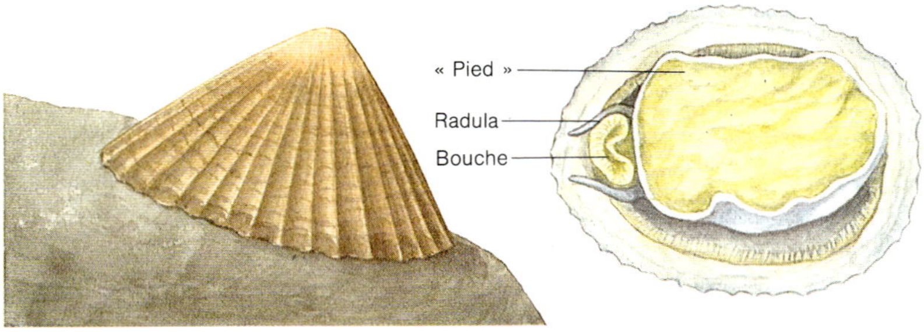

A marée basse, les patelles, ou berniques, sont bien visibles sur les rochers. On les reconnaît à leur coquille en « chapeau chinois ». Pour être dans un abri étanche, la patelle s'installe dans un léger creux de la roche, parfaitement ajusté à sa coquille. Elle y retourne à chaque marée basse.

La patelle profite des marées hautes pour vagabonder sur les rochers, à la recherche de sa nourriture. Elle se déplace grâce à son « pied ». Comme beaucoup de mollusques, la patelle possède, dans sa bouche, une langue râpeuse, ou radula : c'est une longue membrane couverte de petites « dents » recourbées. Pour se nourrir, la patelle la sort de sa bouche et l'utilise pour arracher les minuscules algues qui vivent sur les rochers.

◂ Pourquoi l'araignée construit-elle une toile ?

Beaucoup d'araignées attrapent leurs proies grâce à des toiles de soie. L'insecte qui heurte une telle toile n'a guère de chances d'échapper à l'araignée !

Certaines araignées construisent des toiles en forme de nappe ou de tube, bien peu artistiques. C'est le cas de la grosse tégénaire de nos maisons. D'autres, comme l'épeire de nos jardins, tissent de splendides toiles.

Les araignées de la première catégorie se cachent souvent dans un tunnel de soie, près de leur toile. L'insecte qui se pose sur la toile trébuche et perd son équilibre. L'araignée se précipite vers lui et s'en saisit.

La toile d'épeire, elle, est gluante. L'insecte qui la frappe en vol s'y englue. Alertée par ses efforts pour se libérer, l'araignée accourt s'en emparer.

Quant aux grosses araignées des régions tropicales, elles bâtissent des toiles assez solides pour capturer des oiseaux !

◄ Pourquoi les guêpes piquent-elles ?

Les guêpes utilisent leur aiguillon pour tuer d'autres insectes, qu'elles donnent comme nourriture à leurs larves. Elles ne piquent les humains que lorsqu'elles sont provoquées.

Les guêpes adultes se nourrissent de nectar, de fruits et de sève, tandis que leurs larves mangent des insectes.

Les guêpes passent une bonne partie de leur temps à chasser. Elles capturent des insectes et les tuent avec leur aiguillon. Ensuite, elles les rapportent à la colonie et les mâchonnent. Le jus qui en sort sert à nourrir les larves.

Les guêpes solitaires, comme l'ammophile montrée ici, chassent de même, mais gardent leur proie en vie. Elles paralysent celle-ci et la rapportent à leur terrier. Alors, la guêpe pond sur sa proie paralysée. Lorsque la larve sort de l'œuf ainsi pondu, elle dévore la proie.

Un aiguillon de guêpe est un organe de ponte transformé. D'habitude, les guêpes ne nous piquent que lorsqu'on dérange leur nid ou qu'on les provoque.

► Certaines fourmis découpent les feuilles : pourquoi ?

Des fourmis découpent les feuilles pour y faire pousser des champignons dont elles se nourriront ensuite.

Sous les Tropiques, certaines fourmis, dites champignonnistes, vivent en énormes colonies. Les ouvrières découpent des feuilles et en transportent les morceaux, parfois beaucoup plus grands qu'elles, jusqu'à l'intérieur de la fourmilière.

Là, d'autres ouvrières mâchent les feuilles pour en faire une sorte de pâte. Celle-ci, placée dans des « chambres » spéciales, va servir à faire pousser des champignons. Les fourmis ensemencent donc la pâte avec les spores d'une certaine espèce de champignon : toute la colonie s'en nourrira.

Les fourmis apprécient les « branches » juteuses de ce champignon, qui ne pousse nulle part ailleurs.

◄ Quels insectes boivent « à la paille » ?

Nous aimons parfois boire avec une paille. Certains insectes font de même, à l'aide de la trompe qu'ils possèdent.

Les insectes qui se nourrissent de liquides ont leur bouche prolongée par une sorte de trompe. Ainsi, les pucerons, les punaises et les cigales sont munis d'un long rostre grâce auquel ils percent les tiges des plantes pour sucer la sève. Les moustiques, nous le savons, nous piquent pendant notre sommeil pour nous sucer le sang. La mouche possède, elle aussi, une trompe terminée par une ventouse qui lui sert à aspirer les liquides.

Les trompes les plus longues sont celles des insectes qui aspirent le nectar (liquide sucré) du fond des fleurs. Les papillons gardent la leur enroulée, et ne la déroulent que pour boire. Le sphinx du liseron a une trompe de 14 centimètres : il peut sucer le nectar de fleurs très profondes.

▲ Quels poissons tuent avec l'électricité ?

Certains poissons étourdissent ou tuent leurs proies par des chocs électriques. Ce sont, par exemple, les torpilles et l'anguille électrique.

Le silure ou poisson-chat (montré ici) étourdit ou tue ses proies, ou éloigne ses ennemis, par des décharges électriques. Ses organes électriques sont situés sous sa peau, le long de son corps et de sa queue. Un grand silure produit jusqu'à 350 volts.

Répandues dans les mers, les torpilles, ou raies électriques, possèdent deux organes producteurs de courant, un de chaque côté de la tête. Elles capturent les poissons en fonçant dessus, en les « enveloppant » de leurs nageoires, et en les électrisant. Elles produisent environ 50 volts.

Le plus puissant des poissons électriques est une espèce d'anguille : le gymnote d'Amérique du Sud. Ses organes électriques, placés dans sa queue, produisent 550 volts. Ils peuvent tuer les poissons des alentours et même étourdir le cheval qui viendrait à heurter un gymnote.

▲ Pourquoi les oiseaux ont-ils des becs différents ?

Les oiseaux peuvent manger des insectes, des graines, des poissons, des plantes, de petits animaux. On devine souvent la nourriture d'un oiseau d'après la forme de son bec.

Les oiseaux qui se nourrissent de la même façon ont des becs semblables. Les rapaces, comme les aigles et les faucons, ont des becs crochus pour déchirer la chair. Les mangeurs de graines, tels le moineau et le pinson, ont des becs courts et coniques.

Certaines espèces ont un bec très « spécialisé ». Ainsi le bec plat du canard lui sert à « récolter » des plantes aquatiques. Grâce à son bec en forme de poignard, le héron harponne les poissons. Le courlis utilise son long bec recourbé vers le bas pour trouver des animaux dans la vase.

▲ Les vampires sucent-ils le sang ?

Les vampires ne sont pas seulement les morts-vivants imaginaires des légendes slaves et des films d'épouvante. Ce sont aussi des chauves-souris suceuses de sang — et bien réelles !

On a donné le nom de vampires à des chauves-souris d'Amérique du Sud, longues de six à neuf centimètres seulement.

Elles ne sont actives que la nuit. Elles sucent le sang des mammifères, comme les bœufs et les chevaux, et aussi des hommes. Le vampire s'approche tranquillement de sa proie, tandis qu'elle dort. Avec ses dents tranchantes comme des rasoirs, il découpe la peau de celle-ci, d'habitude sur le cou ou sur un membre. Sa salive contient une substance qui empêche le sang de coaguler. Le vampire l'aspire tandis qu'il coule de la blessure.

▼ Les ours aiment-ils le miel ?

Les ours mangent un peu de tout, et notamment du miel, s'ils en trouvent. L'ours malais (ou ours des cocotiers) en est particulièrement friand.

Presque tous les ours sont amateurs de miel. Ils font des raids sur les nids d'abeilles sauvages, les éventrent avec leurs griffes et lèchent le miel avec leur langue. S'il le faut, ils « ouvriront » un tronc d'arbre pour atteindre le nid d'abeilles.

Les ours sont classés parmi les carnivores, c'est-à-dire les mangeurs de chair. Mais, en réalité, ils sont omnivores, c'est-à-dire qu'ils mangent de tout.

Ils recherchent toutes sortes de petits animaux : rongeurs, lézards, etc. Et ils adorent les baies. Le museau de l'ours blanc est parfois coloré en bleu par le jus des myrtilles dont il s'est gavé. Les grands ours bruns d'Alaska sont passés maîtres dans l'art de capturer les saumons : c'est grâce à ce régime qu'ils sont si grands.

▲ Pourquoi l'éléphant a-t-il une trompe ?

La trompe de l'éléphant est à la fois sa lèvre supérieure allongée et... son nez. Elle lui sert pour manger, pour boire, et en bien d'autres occasions. Elle est apparue il y a 25 millions d'années.

Les ancêtres de l'éléphant avaient l'aspect de porcs. Peu à peu, ils ont grandi. Leurs pattes sont devenues longues et robustes, et il leur est apparu des défenses. Leur tête s'est élargie et alourdie. Et comme une lourde tête ne peut être portée par un long cou, les éléphants ont eu besoin, pour atteindre leur nourriture, d'une longue trompe.

L'éléphant utilise donc celle-ci pour amener la nourriture et l'eau à sa bouche, et pour s'asperger d'eau ou... de poussière. Grâce à sa trompe, l'éléphant peut se saisir d'objets aussi petits qu'une baie minuscule. La trompe lui sert aussi à détecter les odeurs et c'est pourquoi il la tient souvent dressée vers le haut...

▲ Pourquoi la girafe a-t-elle un long cou ?

Grâce à son long cou et à ses hautes pattes, la girafe est capable de brouter les feuilles à des hauteurs que ne peuvent atteindre les autres animaux.

La girafe est l'animal le plus haut de la Terre. Un vieux mâle peut mesurer jusqu'à cinq mètres et demi !

Pouvoir brouter à grande hauteur est un avantage important pour la girafe. A cette altitude, elle n'a pas de concurrents... Et puis, ses yeux étant si haut perchés, elle domine les environs et peut apercevoir de très loin les ennemis qui voudraient l'attaquer.

Mais un long cou a aussi des désavantages : pour boire, la girafe doit se pencher au maximum en écartant les pattes avant. Le risque est alors que le sang afflue à la tête : la girafe possède heureusement, dans son système circulatoire, des valves et des réservoirs qui empêchent cet afflux de sang. La nature fait bien les choses !

▲ Quels poissons s'orientent par l'électricité ?

Certains poissons des rivières tropicales ne peuvent guère utiliser leurs yeux parce que l'eau est trop boueuse. Alors, pour s'orienter, ils envoient des décharges électriques.

Le gymnarque du Nil, poisson à silhouette allongée, et quelques autres espèces, sont dotés d'un « sens électrique ».

Le gymnarque possède un organe électrique dans sa queue.

Le poisson électrise son environnement : il envoie une rafale d'impulsions qui créent un champ électrique autour du corps (voir la figure). Il ressent les impulsions grâce à des organes particuliers situés dans sa tête. Un autre poisson, ou un objet quelconque, modifie le champ électrique et le poisson détectera ainsi sa présence.

► Certains animaux n'ont pas d'yeux : pourquoi ?

Dans les grottes et autres lieux obscurs vivent des animaux sans yeux : ceux-ci, dans de tels endroits, ne leur serviraient à rien.

Dans les eaux souterraines vivent diverses espèces de poissons aveugles. Quand ils sont jeunes, ils ont des yeux, puis ceux-ci disparaissent peu à peu. Ce qu'il en reste est, chez l'adulte, recouvert par la peau.

Pour s'orienter, ces poissons se guident sur les changements de pression de l'eau, grâce à un système de détection encore plus développé que chez les autres poissons. Certaines espèces utilisent aussi les organes du goût situés sur leurs lèvres.

Dans les cavernes vivent également de nombreux insectes et des amphibiens, comme l'étrange protée de Yougoslavie. Celui-ci a d'abord des yeux. Puis ceux-ci s'atrophient, tandis que l'animal se décolore et devient blanc-rose.

Le protée se nourrit de petits animaux, qu'il décèle sans doute aux vibrations qu'ils provoquent dans l'eau.

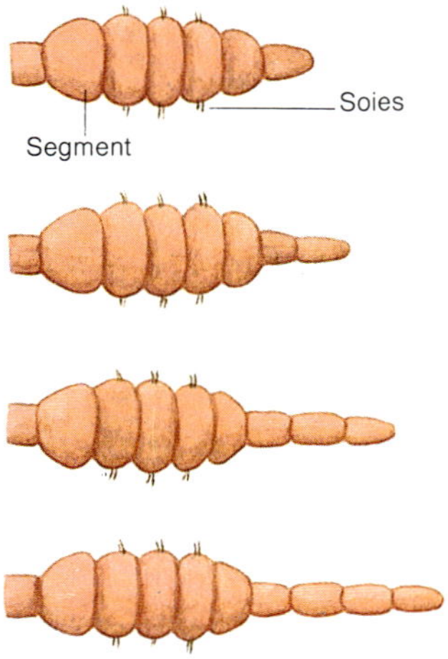

◄ Comment le ver de terre avance-t-il ?

Le ver de terre, ou lombric, possède de minuscules poils (ou soies) sur chacun des « segments » de son corps. Ils s'accrochent à la terre et c'est grâce à eux que le ver peut progresser et se creuser un terrier.

Chaque segment du ver de terre porte quatre paires de poils, ou soies. Durant la progression du ver, certains segments se raccourcissent : en même temps ils s'élargissent et « projettent » les poils vers le côté. Lorsque, au contraire, le segment s'allonge, les poils se trouvent ramenés vers le corps.

Le lombric utilise ses poils non seulement pour progresser, mais aussi pour creuser son terrier. Pour cela, il commence par raccourcir les segments proches de sa tête. Puis il les allonge, un par un, tandis que ceux situés en arrière se raccourcissent. A chaque fois qu'un segment se raccourcit, ses poils agrippent la terre où le ver creuse, tandis que les segments qui s'allongent font pénétrer l'animal dans le sol.

► Pourquoi un serpent sort-il continuellement sa langue ?

Un serpent « goûte » l'air grâce à des organes situés dans sa bouche. Il utilise sa langue pour faire entrer des échantillons d'air jusqu'à ces organes.

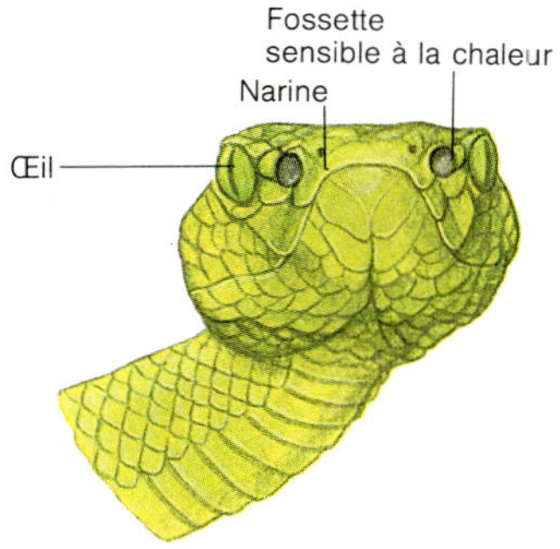

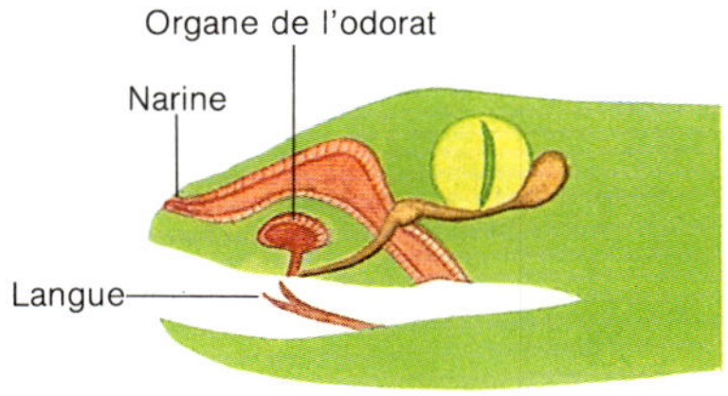

Chez les serpents, le sens de l'odorat est assuré par deux organes particuliers. Ce sont des sortes de sacs, placés côte à côte, et qui s'ouvrent dans le « plafond » de la bouche.

Lorsque le serpent sort sa langue, celle-ci attrape les particules chimiques de l'air. Quand il la rentre, son extrémité pénètre dans les organes de l'odorat qui « goûtent » ces particules.

Certains serpents, comme le crotale ou serpent à sonnettes, détectent la chaleur. Ils possèdent, entre l'œil et la narine, une fossette sensible à la chaleur. Grâce à elle, le serpent décèle la présence des animaux « à sang chaud », même s'il fait nuit, et sait exactement où ils sont.

▲ Comment une mouche peut-elle marcher au plafond ?

Une mouche peut marcher facilement sur un mur, ou même un plafond. C'est parce que ses pattes sont munies de griffes et de « pelotes adhésives ».

Les pattes des insectes, des araignées, des crabes, sont composées de plusieurs parties ou « articles ». Le dernier article d'une patte de mouche comporte deux griffes et deux pelotes (sortes de petites boules) adhésives. Grâce à elles, une mouche peut marcher presque partout.

La mouche ne possède que deux ailes, alors que la plupart des insectes en ont quatre. Les ailes arrière sont, chez elle, remplacées par deux organes en forme de massues : les balanciers. Ils vibrent rapidement quand la mouche vole et assurent sa stabilité.

Les balanciers l'aident par ailleurs à atterrir. La mouche qui veut se poser au plafond s'en approche dans sa position normale. Au dernier moment, elle effectue un demi-saut périlleux en arrière et se pose le dos en bas.

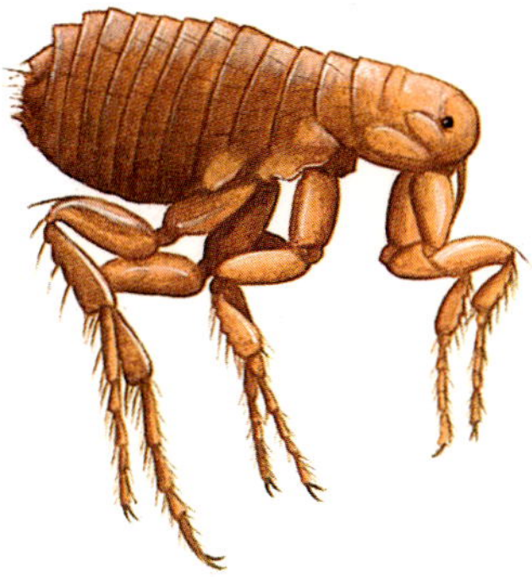

◄ A quelle hauteur une puce peut-elle sauter ?

Les puces ont, dans leurs pattes arrière, une force incroyable. Elles peuvent sauter à plus de cent fois leur hauteur. Cela leur est très utile pour passer d'un « hôte » à un autre.

Les puces vivent dans le pelage des animaux... ou sur notre peau. Leur corps étant aplati, elles se déplacent aisément entre les poils. Leur peau est très dure, aussi ne sont-elles pas faciles à écraser. Elles n'ont pas d'ailes. Mais leurs pattes postérieures, très grandes, sont faites pour sauter.

Une puce mesure moins d'un millimètre et demi de long. En un seul saut, elle peut faire, en longueur, plus de 30 centimètres. Et, en hauteur, elle atteint 19 centimètres. C'est comme si un homme sautait sur le toit d'un gratte-ciel de 65 étages !

Il faut dire que les muscles et les tendons des pattes de la puce sont très puissants. De plus, on y trouve une matière à l'aspect de caoutchouc : celle-ci, quand elle est comprimée puis subitement relâchée, projette la puce avec force.

▸ Pourquoi certains poissons en nettoient-ils d'autres ?

Les poissons « nettoyeurs » et leurs « clients » vivent en parfaite entente. Le nettoyeur trouve ainsi de la nourriture et les clients sont débarrassés de leurs parasites ou de leurs souillures. Une telle association, qui est profitable à deux espèces différentes, s'appelle une symbiose.

Un poisson nettoyeur se nourrit des parasites qui infestent les autres poissons. Il est petit, tandis que ses clients peuvent être grands, comme les mérous. Même s'ils sont carnivores, ils ne le mangent pas. Il porte d'ailleurs des raies sombres qui le rendent reconnaissable. Avant de nettoyer un gros poisson, il « danse » devant lui pour être encore plus sûr d'être reconnu.

Le client vient de lui-même et indique souvent quelles parties de son corps doivent être nettoyées. Au bout d'un moment, il fait comprendre au nettoyeur que ça suffit.

En Afrique existe un poisson qui nettoie les hippopotames...

▴ Pourquoi certains animaux hibernent-ils ?

L'hibernation est une sorte de profond sommeil qui dure presque tout l'hiver. Des animaux hibernent pour survivre durant les froids, quand il n'y a pas grand-chose à manger.

Beaucoup d'animaux dorment durant l'hiver. Certains insectes se cachent dans des recoins. Les escargots s'enferment dans leur coquille. Serpents, lézards, grenouilles, salamandres s'enterrent dans le sol ou la boue.

C'est également le cas de nombreux mammifères : ours, hérissons, marmottes, loirs, chauves-souris, etc. L'hibernation commence quand les jours raccourcissent, la température baisse et la nourriture devient moins abondante. Les mammifères mangent beaucoup avant de s'endormir. Ainsi, ils engraissent, et, grâce à leur graisse, subsisteront durant leur sommeil hivernal, sans avoir besoin de manger.

▸ Pourquoi un poisson et une crevette vivent-ils ensemble ?

Parfois, deux espèces animales habitent le même nid ou le même terrier. Ainsi, une crevette creuse un terrier et un petit poisson en est la sentinelle.

Dans la mer Rouge, des crevettes creusent des terriers dans le sable. Il y a d'habitude deux crevettes par terrier, et celui-ci est aussi habité par un gobie, sorte de petit poisson.

Pendant la nuit, les crevettes et le gobie demeurent dans le terrier. Le jour, le poisson se poste près de l'entrée du terrier pour surveiller les ennemis. Les crevettes ne se nourrissent que lorsque le gobie est en sentinelle. Quand une crevette mange, l'une de ses antennes touche la queue du poisson. A la moindre alerte, celui-ci agite la queue, et tout le monde rentre dans le terrier !

Le gobie, qui ne sait pas creuser, profite donc de cette association : il y gagne un logis. Les crevettes y gagnent la sécurité. Encore un cas de symbiose.

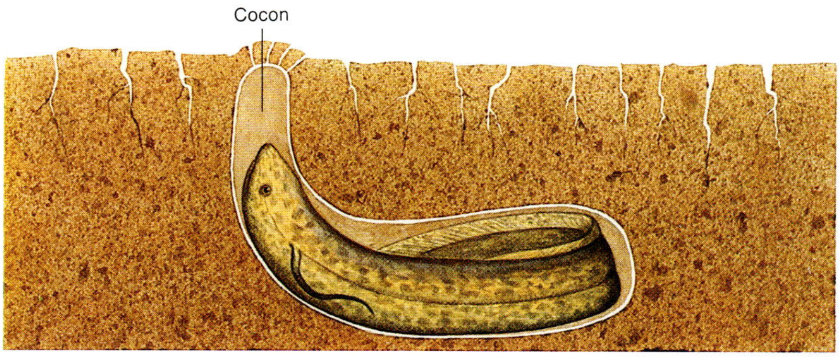

▲ Que font certains poissons quand leur rivière est à sec ?

Quand sa rivière est à sec, le poisson à poumons se creuse un terrier dans la boue. Puis il dort tant que dure la saison sèche.

En Afrique, Australie et Amérique du Sud vivent des poissons munis de poumons, ce qui est extraordinaire : ce sont les dipneustes. Quand leur rivière s'assèche, ils se creusent un terrier dans la boue. Ils produisent du mucus qui, bientôt, les entoure et se durcit pour former un cocon qui les protège.

Le poisson doit continuer à respirer. Aussi son cocon présente-t-il, au niveau de la bouche, un trou par lequel il peut respirer. Comme il ne mange pas, il consomme ses réserves de graisse ou les tissus de ses muscles. Quand la pluie revient, le poisson reprend une vie normale.

► Qui élève le jeune coucou ?

Les coucous sont des oiseaux parasites. Ils pondent dans le nid d'autres oiseaux, qui élèveront le jeune coucou. Et celui-ci jette par-dessus bord les œufs ou les jeunes de ses hôtes !

La femelle coucou, lorsqu'elle est prête à pondre, observe les nids des petits passereaux. Elle en repère un dans lequel un ou plusieurs œufs ont déjà été pondus. Quand les parents sont absents, elle s'y pose, enlève l'un des œufs et y pond. Il s'agit, par exemple, d'un nid de rouges-gorges, de bergeronnettes ou de fauvettes.

Les passereaux couvent l'œuf du coucou comme s'il était à eux. Le jeune coucou éclôt et jette par-dessus bord les autres œufs ou les jeunes passereaux nés entretemps.

Le petit coucou grandit rapidement et devient vite plus gros que ses parents adoptifs. Bientôt, il est trop volumineux pour rester dans le nid. Les passereaux continuent cependant à le nourrir.

▲ Pourquoi des fourmis vivent-elles dans des arbustes épineux ?

Un buisson épineux ne risque pas d'être brouté par les animaux herbivores. Il abrite de plus de redoutables fourmis, qui le protègent contre les insectes dévoreurs de plantes.

Si une vache ou un mouton s'approche d'un « acacia siffleur » pour le brouter, il risque d'être attaqué par de terribles fourmis. Celles-ci habitent en effet les gros bulbes qui se développent à la base des épines. Pour installer leurs nids, les fourmis creusent dans ces bulbes et y font des trous, où le vent siffle, d'où le nom donné à cet arbuste.

Les fourmis le défendent contre les chenilles, les pucerons et les autres insectes. La plante les en « récompense », si l'on peut dire. Aux extrémités de ses feuilles, poussent des organes en forme de saucisses, que les fourmis récoltent. Et les tiges des feuilles fournissent à celles-ci un délicieux nectar sucré.

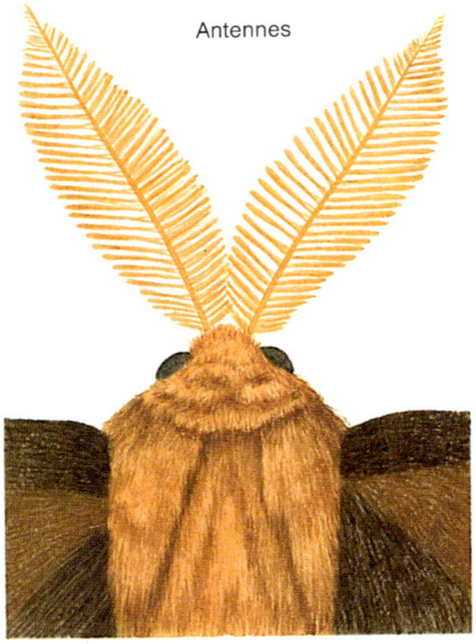

▼ Quel insecte peut pondre jusqu'à mille œufs en une journée ?

La reine des termites est une véritable machine à pondre. Elle passe en effet toute sa vie adulte à pondre des œufs, au rythme de plus d'un à la minute.

Les termites vivent en grandes colonies. Certains construisent de très hauts nids, les termitières. Au centre du nid vivent la reine et le roi, plus petit qu'elle.

La reine adulte a un énorme corps en forme de boudin, long de dix centimètres, qui est une véritable machine à pondre. Parfois, elle produit plus de 30 œufs à la minute. Elle ne peut pas bouger et doit être nourrie et soignée par les ouvriers, qui ne mesurent que quatre millimètres.

La reine a commencé sa vie comme une femelle reproductrice, avec des ailes. Avec beaucoup d'autres femelles et mâles ailés, elle s'est envolée du nid où elle est née. C'était l'essaimage. Elle s'est posée à quelque distance, a perdu ses ailes et s'est accouplée avec un mâle. Ils ont ainsi fondé une nouvelle colonie.

▲ Pourquoi le papillon de nuit a-t-il un si bon odorat ?

Beaucoup de papillons de nuit ont de grandes antennes en forme de plumes. Grâce à elles, le mâle peut détecter l'odeur d'une femelle qui se trouve à plusieurs kilomètres de lui.

Pour les papillons de nuit, la vue n'est pas très utile pour trouver une femelle. Aussi ont-ils un odorat étonnamment développé : le mâle peut parfois déceler une femelle à onze kilomètres !

Les femelles produisent en effet des substances chimiques destinées à attirer les mâles. Elles peuvent même les « appeler » en gonflant leurs glandes pour produire davantage de ces substances parfumées. Les particules odorantes sont emportées par le vent.

Or, les antennes du mâle portent de nombreux organes très sensibles aux odeurs. Grâce à leur forme de plume, elles peuvent recevoir le plus de particules possible. Lorsque le mâle a ainsi décelé la présence d'une femelle, il vole à sa rencontre, en zigzag, pour se guider sur le lieu d'origine des parfums.

▲ Pourquoi les abeilles forment-elles un essaim ?

Un essaim d'abeilles comprend une reine entourée d'ouvrières et de quelques mâles.

A la fin de l'été, une colonie d'abeilles peut comprendre plus de 60 000 ouvrières. Le nid risque alors d'être surpeuplé. A ce moment de nouvelles reines sont produites, ainsi que de nombreux mâles ou faux bourdons, tous à l'état de larves.

Quand la première reine apparaît, elle tue les larves qui devaient donner d'autres reines. Puis elle s'envole, suivie par les mâles. C'est le vol nuptial. Elle s'accouple avec certains d'entre eux, puis retourne au nid.

Si l'ancienne reine est âgée, elle meurt au retour de la nouvelle. Si elle est encore jeune, elle s'en va avec des ouvrières et des mâles, formant une masse grouillante qui se suspend à un arbre. C'est l'essaim. Il s'installe dans un gîte repéré à l'avance par des abeilles « éclaireuses ». Un nouveau nid d'abeilles est né.

▲ Chez les insectes, quels mâles doivent être vigilants ?

Les mâles de certaines espèces d'insectes ou d'araignées doivent se méfier de leurs femelles, qui sont plus grosses qu'eux. Celles-ci peuvent les tuer après l'accouplement.

Les veuves noires sont des araignées qui doivent leur nom aux mœurs de la femelle. Celle-ci, dit-on, dévore le mâle après l'accouplement.

Les mâles de l'épeire sont également plus petits que les femelles : aussi doivent-ils, eux aussi, s'en méfier (1). S'ils n'y prennent garde, les femelles peuvent les prendre pour une proie. Normalement, un mâle peut s'accoupler plusieurs fois de suite sans problèmes. Mais, parfois, la femelle le dévore (2).

Le mâle de la mante religieuse, lui, n'a aucune chance. Il approche de sa femelle avec de multiples précautions. Au dernier moment, il bondit sur elle et la féconde. Mais, quelques secondes plus tard, la femelle le décapite et commence à le dévorer.

► Pourquoi les épinoches changent-elles de couleur ?

L'épinoche mâle, un petit poisson d'eau douce, se pare de belles couleurs pour attirer une femelle jusqu'à son nid. Il l'encourage à pondre, puis il féconde ses œufs et les surveille.

Au printemps, l'épinoche mâle choisit un « territoire », emplacement qu'il va défendre. Son ventre devient alors rouge brillant : il constitue un signal d'éloignement destiné à faire fuir les autres mâles. L'épinoche se construit un nid d''herbes dans le sable ou le limon. Son dos devient alors d'un bleu brillant qui attire les femelles.

Lorsqu'il a gagné l'attention de l'une d'elles, il « danse » sous son ventre et lui montre le chemin de son nid. Quand elle y est entrée, il donne des coups sur sa queue pour l'encourager à pondre. Elle part après avoir pondu, et il féconde les œufs.

◄ Pourquoi les oiseaux chantent-ils ?

La plupart des oiseaux communiquent entre eux par la voix. En général, le mâle chante pour défendre son territoire ou attirer une femelle.

Les oiseaux commencent à chanter juste avant l'aube. Beaucoup continuent à chanter durant la journée.

Le chant d'une espèce peut présenter des variations. On en connaît six chez le pinson. Celui-ci possède aussi, en plus du chant, treize types de cris.

En effet, alors que le chant n'est émis que par le mâle, et surtout au printemps, les cris sont poussés aussi bien par le mâle que par la femelle ou les jeunes, et à des époques variées. Leurs significations sont très diverses : il existe des cris d'appel, des cris d'alerte, des cris de demande de la becquée...

► Pourquoi les grèbes dansent-ils ?

Les grèbes et bien d'autres oiseaux se livrent à des parades nuptiales, qui précèdent l'accouplement.

Il ne faut pas que deux oiseaux d'espèces différentes s'accouplent, car, dans la grande majorité des cas, la femelle ne pondrait pas d'œufs. Pour empêcher de telles « erreurs », des parades nuptiales sont apparues au cours de l'évolution.

L'oiseau indique, grâce à elles, son espèce, son sexe, l'emplacement de son territoire ; il fait savoir qu'il est prêt à s'accoupler et qu'il existe un site convenable pour installer un nid.

Les grèbes huppés, ces beaux oiseaux fréquents sur nos lacs, effectuent plusieurs danses nuptiales différentes. Au cours de l'une d'elles, le mâle et la femelle nagent l'un en face de l'autre, leurs collerettes étalées, et secouent rapidement la tête, tout en caquetant. Puis, ils plongent pour aller chercher des plantes. Ensuite, ils se dressent et restent l'un contre l'autre, poitrine contre poitrine.

▲ Quel est l'oiseau le plus séducteur ?

L'oiseau à berceau (ou oiseau-jardinier) édifie une sorte de hutte, la décore et y attire une femelle.

Les oiseaux à berceaux, passereaux d'Australie et de Nouvelle-Guinée, construisent leur « hutte » durant l'été. A l'aide de branches, le mâle édifie une plate-forme et deux « murs ». Parfois, il peint ceux-ci à l'aide d'un « pinceau » de fibres qu'il a trempé dans du jus de certaines baies ou un mélange de salive et de charbon. C'est donc l'un des rares animaux capables d'utiliser un outil.

Près de sa hutte, l'oiseau dépose divers objets colorés : fleurs, baies, plumes, ailes d'insectes ou même capsules de bouteilles.

Si une femelle s'approche, le mâle l'appelle et se met à parader. Elle entre dans la hutte et l'arrange un peu, puis les deux oiseaux s'accouplent. Ensuite la femelle construit un nid dans un arbre des environs.

◄ Quels sont les oiseaux qui construisent des « immeubles » ?

Les tisserins et leurs parents construisent des nids particulièrement confortables.

Les tisserins, qui sont de petits passereaux, suspendent leurs nids aux branches : ainsi leurs ennemis ne peuvent les atteindre. En général, c'est le mâle qui construit le nid : il tisse feuilles et herbes pour faire une sorte de boule creuse avec une petite ouverture.

Les tisserins sont surtout africains, comme leurs parents, les républicains. Ceux-ci construisent d'énormes nids communautaires qui peuvent dépasser quatre mètres de largeur. Cet édifice comprend un toit commun en chaume, sous lequel sont installés de nombreux nids en poire. Chaque couple construit le sien. Certains « immeubles » de républicains sont occupés depuis plus de cent ans. Ils sont parfois si lourds que les branches se brisent sous leur poids.

▸ Pourquoi les marsupiaux ont-ils une poche ?

Les marsupiaux, tels que le kangourou et le koala, mettent au monde des jeunes encore très peu développés. Aussi ces jeunes rampent-ils jusqu'à la poche de leur mère, où ils continueront à grandir.

Chez la plupart des mammifères, le jeune, encore dans le ventre de sa mère, est « nourri » par celle-ci au moyen d'un organe appelé placenta. Celui-ci n'existe pas chez les marsupiaux ; aussi leurs jeunes naissent-ils encore très peu développés.

Dès qu'il est né, le petit kangourou, par exemple, rampe dans le pelage de sa mère et atteint la poche qu'elle porte sous le ventre. Il reste suspendu aux mamelles, qui se trouvent dans la poche. Comme il ne peut pas téter, le lait s'écoule directement dans son tube digestif.

Les jeunes de la portée suivante ne naîtront que sept mois plus tard. A ce moment, les premiers auront quitté la poche.

Chez la plupart des marsupiaux, comme les kangourous et le koala, la poche s'ouvre vers l'avant. Chez les marsupiaux fouisseurs, au contraire, elle s'ouvre vers l'arrière : ainsi la terre ne risque pas d'y entrer lorsqu'ils creusent.

▸ Pourquoi les castors construisent-ils des barrages ?

Une famille de castors construit une hutte avec entrée sous l'eau. Et, pour être sûrs que l'eau demeure au même niveau, les castors construisent un ou plusieurs barrages.

Les castors installent leur hutte sur une « île » de branches, de pierres et de boue, qu'ils ont placée juste au-dessus du niveau de l'eau. La hutte est faite de branches et d'herbes unies par de la boue. A son sommet, la hutte comporte un ou plusieurs orifices pour sa ventilation.

La hutte risque d'être inondée durant les périodes pluvieuses et, inversement, son entrée pourrait être visible pendant la saison sèche. Pour éviter tout cela, les castors s'aménagent un lac artificiel, bien à eux, en construisant un barrage un peu plus bas sur le cours de la rivière. Parfois, ils en font plusieurs, en amont ou en aval du premier. Ces barrages sont faits des troncs d'arbres que les castors ont abattus, de pierres et de boue.

Les barrages des castors sont très solides. Ils les réparent et les consolident sans cesse, à tel point que cinq ou six hommes peuvent y passer ensemble sans qu'ils s'effondrent. Ils mesurent parfois plus de cent mètres.

◄ Toutes les araignées sont-elles venimeuses ?

Toutes les araignées tuent leurs proies avec leur venin. Mais seulement quelques espèces sont vraiment dangereuses pour les grands animaux ou les hommes.

Les araignées portent, en avant de la bouche, une paire de puissants crochets. Elles les utilisent pour injecter leur venin à la proie qu'elles ont capturée, en général un insecte, et ainsi la tuer.

Certaines araignées peuvent être dangereuses pour l'homme. Si une araignée d'une espèce commune nous mord, nous ne ressentons qu'une très faible douleur. La morsure des araignées chasseresses d'oiseaux d'Amérique du Sud ne fait guère plus de mal qu'une piqûre d'abeille. De même, la morsure des tarentules d'Europe ne fait pas le mal que l'on a prétendu.

Mais la veuve noire est plus dangereuse. En Europe, cette araignée habite les régions méditerranéennes. Sa morsure peut rendre sérieusement malade. En Amérique du Nord, on connaît quelques cas de morsures de veuves noires qui ont été mortels.

▲ Pourquoi les antilopes bondissent-elles ?

De nombreuses antilopes bondissent à grande hauteur. Parfois, c'est seulement pour jouer. Mais ce peut être pour avertir les autres antilopes de la présence d'un ennemi.

Quand un springbok, antilope d'Afrique australe, aperçoit un prédateur, il bondit subitement, le dos recourbé, les quatre pattes pointées verticalement. Sa bande comprend ce que cela veut dire : tous les autres springboks s'enfuient en courant et en bondissant.

L'impala, autre antilope africaine, est également célèbre pour ses bonds extraordinaires. Il saute jusqu'à une hauteur de trois mètres et demi. On a vraiment l'impression qu'il bondit par plaisir. Quand un fauve les menace, les impalas ne se sauvent pas en ligne droite. Ils zigzaguent en bondissant. Cet étrange ballet trouble sans doute le fauve, et les impalas lui échappent.

► Pourquoi les abeilles piquent-elles ?

Les abeilles piquent pour défendre leur nid. Un animal ou un homme qui dérange une ruche risque d'être attaqué par les ouvrières.

Comme celui des guêpes, l'aiguillon des abeilles est un organe de ponte transformé pour pouvoir injecter le venin. Il est « barbelé » et reste donc dans la peau qu'il a piquée. Aussi l'abeille qui a piqué une victime est-elle mutilée et, en général, elle meurt rapidement.

Notre abeille est d'habitude peu agressive. Sa piqûre est tout de même douloureuse et surtout dangereuse pour les personnes allergiques.

Les abeilles « tueuses » d'Afrique australe ont été introduites involontairement en Amérique du Sud en 1957. Depuis cette date, elles se répandent vers le nord à travers les Amériques, supplantant les abeilles de ces régions et provoquant une vive inquiétude chez les habitants.

► Est-ce que les poissons volants volent ?

Les poissons volants peuvent parcourir de longues distances dans l'air. Mais, en fait, ils planent plus qu'ils ne volent.

Le plus commun des poissons volants est l'exocet, répandu dans toutes les mers chaudes jusqu'en Méditerranée. Il mesure environ 25 centimètres. Ses nageoires pectorales (celles situées en avant du corps) sont transformées en ailes. Une espèce à quatre ailes, plus grande (45 centimètres), vit au large de la Californie.

Pour décoller, le poisson volant nage à grande vitesse. Quand il a atteint 65 km/h, il étend ses ailes et s'envole. Il plane ainsi à une vitesse de 90 km/h, sur cent à trois cents mètres.

C'est souvent pour échapper aux poissons qui les pourchassent que les exocets décollent ainsi. Mais, alors, ils risquent d'être capturés par les oiseaux de mer.

◄ Pourquoi le hérisson a-t-il des piquants ?

En cas de danger, le hérisson se roule en boule. Ses piquants constituent alors une excellente protection pour lui.

A sa naissance, le petit hérisson n'a que quelques piquants caoutchouteux. A l'âge de sept semaines, il est recouvert d'un « manteau » d'épines, fort utile.

Les hérissons mangent des insectes et d'autres petits animaux. Ils s'attaquent aussi aux vipères. Celles-ci ont bien du mal à mordre un tel animal. Et c'est heureux pour le hérisson qui n'est pas immunisé contre leur venin.

Quand un ennemi s'approche, le hérisson demeure immobile. S'il y a vraiment danger, il se roule en boule, sa tête touchant presque sa queue. Il n'y a guère que les renards ou les blaireaux qui puissent alors le mettre à mal.

Malheureusement, les piquants posent un problème au hérisson. C'est très difficile d'épucer une telle toison. Aussi est-il infesté de puces, tiques et autres parasites. Et puis, les épines ne protègent pas contre les voitures, devenues les pires ennemies des hérissons.

► Pourquoi un serpent peut-il être dangereux ?

De nombreux serpents sont dangereux pour l'homme : ils peuvent injecter, par leurs crochets, un puissant venin.

On peut diviser les serpents venimeux en deux catégories. Ceux dont les crochets (c'est-à-dire les dents à venin) sont situés au fond de la bouche ne sont pas très dangereux. Ils ne peuvent guère atteindre un être humain.

Plus dangereux sont les serpents dont les crochets se trouvent à l'avant de la bouche, comme les vipères, les cobras, les crotales (ou serpents à sonnettes).

Beaucoup de ces serpents ont une morsure mortelle pour l'homme. Cependant, ils n'attaquent généralement pas sans avoir été provoqués. Certains donnent un « avertissement » avant de mordre : par exemple, le crotale agite ses sonnettes. Toutefois, il en est qui peuvent attaquer sans avoir été provoqués et sans avertissement : c'est le cas du cobra royal d'Asie et des mambas africains.

▲ Comment un animal se rend-il invisible ?

De nombreux animaux se camouflent pour ne pas être vus. Leur silhouette ou leur couleur leur permet de se confondre avec le décor environnant.

Beaucoup d'animaux ont de brillantes couleurs. Ce peut être très avantageux pour eux. Par exemple, l'araignée-crabe, qui est d'un jaune brillant, est invisible dans la fleur jaune où elle guette ses proies. De même, grâce à son pelage jaunâtre, le lion se dissimule bien dans la savane.

Certaines espèces se camouflent pour ne pas être mangées par leurs ennemis. Divers papillons de nuit se plaquent contre les troncs d'arbres : les dessins de leurs ailes se confondent avec l'écorce et les lichens. D'autres insectes sont verts comme les feuilles sur lesquelles ils vivent.

Les poissons plats, comme la sole ou le turbot, se confondent avec le sable du fond de la mer. D'autres poissons se cachent au contraire grâce à leur silhouette irrégulière.

◄ Existe-t-il de fausses brindilles ?

Certains animaux ne se camouflent pas seulement par leur couleur. Ils ont tout à fait l'aspect de brindilles ou de feuilles.

Il existe des insectes qui ressemblent à des brindilles ou à des tiges. L'illustration représente une chenille de papillon de nuit, qui « imite » une brindille.

Les phasmes sont des insectes au corps très allongé et aux mouvements fort lents. On les distingue à peine des branches des buissons où ils vivent. Ils sont verts ou bruns, et peuvent même prendre la couleur du milieu environnant. On les surnomme parfois « bâtons du diable ». Il en existe en France, et des phasmes exotiques atteignent 30 centimètres : ce sont les plus grands insectes de la Terre.

Il est aussi des insectes qui ressemblent exactement à des feuilles : ce sont les phyllies. Elles sont vertes. Leur corps est plat. Elles présentent même des « nervures » semblables à celles des feuilles.

▼ Pourquoi certains animaux sont-ils brillamment colorés ?

Des animaux ont des couleurs vives pour « avertir » leurs ennemis qu'ils sont venimeux.

Chenille venimeuse

Bombyle

Grenouille venimeuse

Un animal qui a des couleurs vives peut vouloir « dire » aux autres : « Ne me mangez pas, je ne suis pas bon ». C'est le cas de certaines chenilles aux taches rouges et noires, que les oiseaux peu à peu ont appris à éviter. Il en est de même des grenouilles venimeuses d'Amérique tropicale, qui ont des couleurs brillantes. Les Indiens utilisent d'ailleurs leur venin pour en enduire leurs flèches.

Il est aussi des animaux mangeables ou non venimeux, qui imitent l'aspect d'espèces immangeables ou venimeuses. Grâce à cette « ruse », ils ne sont pas attaqués par les prédateurs. Par exemple, il existe des mouches (bombyles) qui ont tout à fait l'allure de guêpes venimeuses. Aussi les oiseaux les confondent avec celles-ci et ne les mangent pas.

▲ Pourquoi le caméléon change-t-il de couleur ?

Le caméléon est un animal très lent. Il change de couleur pour ressembler à son environnement, ce qui lui permet d'échapper à ses ennemis, dont il serait, autrement, la proie facile.

La peau du caméléon a des cellules qui contiennent des pigments colorés : selon les cellules, ces pigments sont noirs, rouges ou jaunes. En les utilisant de façon variée, le caméléon peut changer à son gré de couleur, parfois très rapidement.

Il a en effet besoin de se camoufler, car il reste fort longtemps au même endroit. Lorsqu'il se met en route à travers les branches, il se déplace lentement ; aussi est-il facile à capturer.

Le caméléon chasse à l'affût ses proies, des insectes. Lorsque l'un d'eux s'est posé près de lui, il projette vers lui sa longue langue visqueuse, à une vitesse telle que l'œil humain la distingue à peine.

Les grandes espèces de caméléons capturent de petits rongeurs et oiseaux. Les caméléons habitent surtout l'Afrique, mais aussi le Sud de l'Espagne.

► Pourquoi certains animaux ont-ils de faux yeux ?

Le bluff est parfois bien utile. Les « faux yeux » de certains animaux trompent les prédateurs, et permettent à leurs proies de leur échapper.

Divers papillons de jour ou de nuit ont, sur leurs ailes arrière, des dessins qui imitent des yeux — des ocelles. Le papillon ressemble alors, par exemple, à une tête de chouette. Aussi, le prédateur qui va l'attaquer en est tout effrayé. Il va prendre le papillon pour un animal beaucoup plus gros. Le temps qu'il se rende compte de son erreur, et le papillon sera loin ! Il existe aussi de faux yeux sur des chenilles, des poissons et des grenouilles.

D'autres papillons ont, en plus, de fausses antennes sur leurs ailes arrière. Aussi, quand leurs ailes sont fermées, plaquées l'une contre l'autre, l'arrière de l'insecte semble être son... avant ! L'oiseau qui veut le capturer va s'attaquer à sa fausse tête... et la manquera, car le papillon s'envolera de l'autre côté.

▼ Pourquoi un calmar lance-t-il de l'encre ?

En cas de danger, un calmar lance dans l'eau un « nuage » d'encre. Celui-ci forme un écran, à l'abri duquel le calmar peut se sauver.

Juste au-dessous de leur tête, les calmars, les seiches et les pieuvres possèdent un petit conduit, l'entonnoir, qu'ils utilisent pour avancer. Mais ils peuvent aussi l'employer pour projeter un nuage d'encre. Ces mollusques possèdent en effet un organe particulier, la poche du noir, qui produit cette encre.

Calmars et seiches peuvent aussi se camoufler en changeant de couleur avec une rapidité étonnante, ce qui surprend leurs poursuivants. Ils sont en outre capables de fuir très rapidement, selon le principe de la réaction. C'est alors qu'ils envoient un écran d'encre derrière eux. Ce nuage prend parfois une forme de calmar, et l'ennemi va l'attaquer, pendant que le vrai calmar s'éloigne rapidement.

Découvrons notre corps

► Pourquoi la police s'intéresse-t-elle aux empreintes digitales ?

Sur tout ce qu'ils touchent, les doigts laissent des traces. Ces traces s'appellent des empreintes digitales. Elles sont différentes pour chaque être humain. Aussi la police peut-elle les utiliser pour retrouver l'identité des criminels.

Dans les sillons qui forment un dessin à l'extrémité de nos doigts, il y a des pores par où s'échappe de la transpiration. Ainsi humidifiés, ces sillons agissent comme un tampon : leur dessin s'imprime sur les objets qu'ils touchent. C'est de cette façon qu'apparaissent les empreintes digitales. Mais elles peuvent présenter une infinité de dessins différents. En effet, il est impossible que deux personnes aient des empreintes parfaitement identiques, pas même de vrais jumeaux.

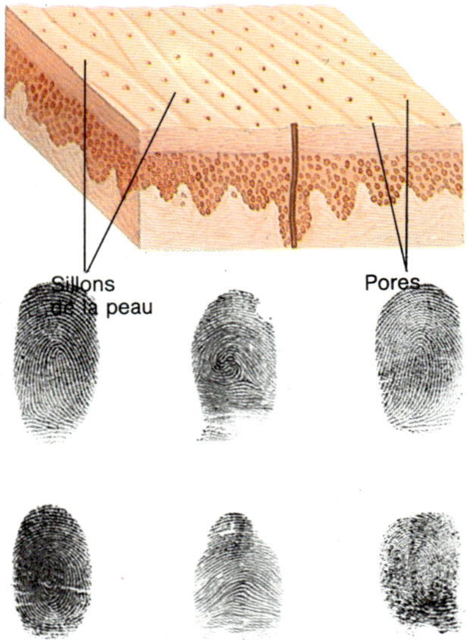

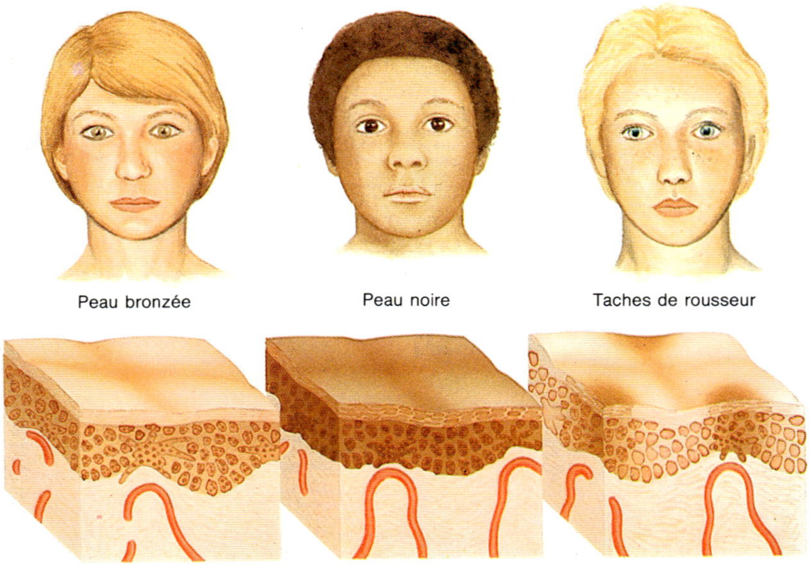
Peau bronzée — Peau noire — Taches de rousseur

▲ Quel est le rapport entre une peau noire, le bronzage et les taches de rousseur ?

Chez tous les êtres humains, la couleur de la peau dépend d'une substance particulière appelée mélanine. Mais cette substance n'agit pas de la même façon chez tous. C'est pourquoi certains ont la peau noire et d'autres la peau blanche.

La mélanine est une sorte de colorant. Elle est produite par des cellules spécialisées de notre corps, les mélanocytes. Or, ceux-ci sont plus ou moins actifs. Si une personne a la peau noire, c'est parce que ses mélanocytes sont très actifs. Ils produisent une grande quantité de mélanine. Cette substance envahit alors les autres cellules de la peau et lui donne son aspect sombre.

Mais la mélanine n'est pas seulement un colorant. Elle protège aussi la peau contre les dangereuses brûlures des rayons ultraviolets du Soleil. Et c'est pourquoi nous bronzons. Car la chaleur solaire excite l'activité des mélanocytes. Ceux-ci produisent alors davantage de mélanine. Et notre peau s'assombrit.

Enfin, certaines peaux claires contiennent des petits groupes de mélanocytes plus actifs que les autres. Et là où se trouvent ces petits groupes apparaissent les taches de rousseur.

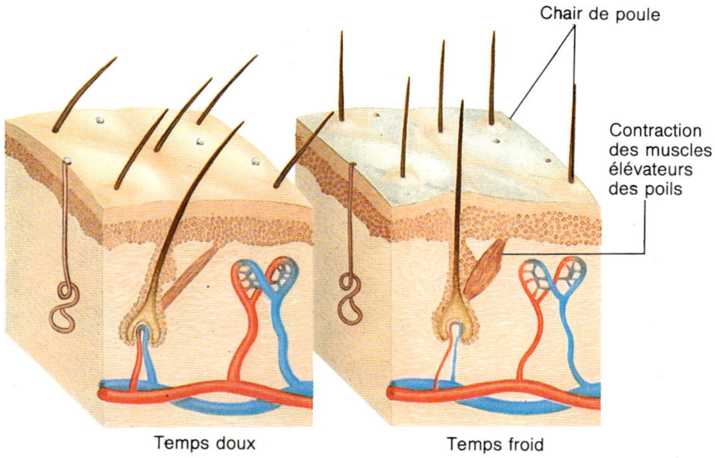

▲ Pourquoi le froid fait-il frissonner ?

Quand nous avons froid, nous avons besoin de nous réchauffer. Les frissons sont des tremblements qui se produisent alors automatiquement. Et ces tremblements nous aident à retrouver un peu de chaleur.

La contraction des muscles produit de la chaleur. C'est pourquoi la température de notre corps augmente quand nous courons ou que nous bêchons le jardin. Or, nos muscles « s'activent » instinctivement sous l'effet du froid. Ils se mettent à se contracter et à se relâcher rapidement. C'est ce qu'on appelle frissonner. Et ce phénomène produit ainsi de la chaleur qui nous aide à combattre les effets du froid.

Il arrive cependant que ces tremblements ne suffisent pas à nous réchauffer. L'instinct nous pousse alors à sautiller, à nous battre les flancs en agitant les bras. Et ce travail musculaire plus intense produit à son tour un complément de chaleur.

◄ Qu'est-ce que la chair de poule ?

Le froid ou la peur fait contracter les muscles minuscules qui soutiennent nos poils. Ceux-ci se redressent alors en soulevant la peau qui les entoure en une multitude de petits monticules. Et notre peau prend ainsi un aspect rugueux qui la fait ressembler à celle d'une volaille plumée.

Tous les mammifères ont des poils sur le corps. Ces poils les protègent du froid. Quand la température extérieure baisse, ils se redressent automatiquement. Et la couche d'air qu'ils maintiennent contre la peau augmente ainsi d'épaisseur. C'est pour cette raison que les chats paraissent plus gros quand il fait froid.

Nous autres humains avons beaucoup moins de poils que les autres mammifères. Nous les remplaçons par des vêtements. Mais quand nous avons froid, nos poils se redressent exactement comme chez les animaux. Et c'est la chair de poule.

► Pourquoi transpire-t-on ?

En transpirant, notre corps se rafraîchit quand il a trop chaud. La sueur est donc indispensable à notre bien-être et à notre santé. Produite par des petites glandes situées dans la peau, elle gagne les pores par où elle s'échappe vers l'extérieur.

Pour fonctionner dans de bonnes conditions, notre corps doit conserver sa température normale. Et quand cette température devient trop élevée, par exemple à la suite d'un effort violent, nous avons besoin de perdre de la chaleur. Les glandes sudoripares produisent alors un liquide salé contenant un certain nombre de déchets naturels : la sueur. Ce liquide s'écoule vers la surface de la peau où il se répand et s'évapore en éliminant une grande quantité de chaleur. Grâce à ce système, notre corps se rafraîchit peu à peu et retrouve ainsi sa température normale.

▲ Pourquoi certains ont-ils les yeux marron et d'autres les yeux bleus ?

C'est de nos parents que nous héritons la couleur de nos yeux.

Et cet héritage nous est transmis par de microscopiques « messagers », les gènes.

Les gènes se trouvent dans nos cellules. Ce sont eux qui déterminent tous les aspects particuliers de ce que nous sommes : couleur des yeux et des cheveux, taille, etc. Nous en possédons donc un très grand nombre.

A chaque détail caractéristique correspondent deux gènes. Bien souvent, l'un d'eux domine l'autre. Dans le cas de la couleur des yeux, le gène marron domine le gène bleu. Une personne qui possède deux gènes d'yeux marron aura les yeux marron. De même, une personne qui possède deux gènes d'yeux bleus aura les yeux bleus. Mais s'il y a un gène d'yeux bleus et un gène d'yeux marron, ce dernier domine : les yeux seront marron.

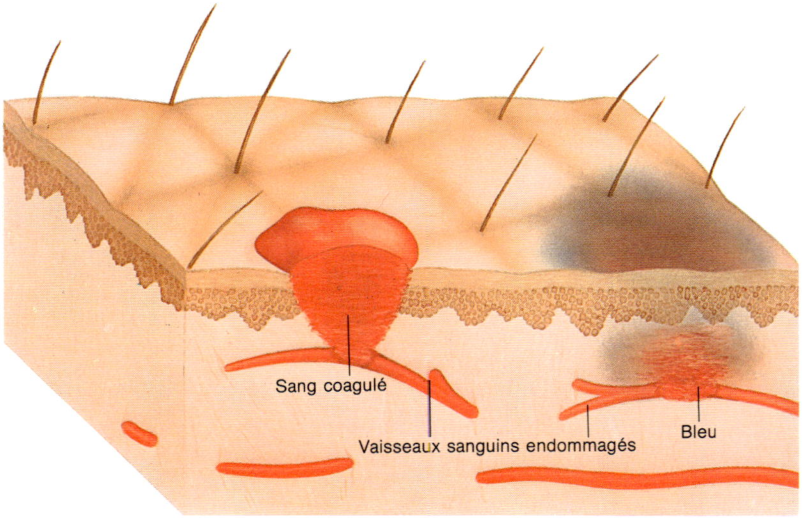

◀ Pourquoi les coups provoquent-ils des bleus ?

D'innombrables petits vaisseaux sanguins circulent sous notre peau. Si nous nous cognons violemment, certains d'entre eux peuvent se rompre. A l'endroit du choc, le sang se répand alors sous la peau. Et celle-ci change de couleur : c'est un bleu.

La peau est l'enveloppe de protection de notre corps. Elle est élastique et résistante. Mais les petits vaisseaux qu'elle recouvre sont généralement plus fragiles. C'est pourquoi ils peuvent être endommagés par un coup, même si la peau reste intacte.

Ils laissent alors échapper du sang qui ne peut s'écouler à l'extérieur. A la surface de la peau, ce sang révèle sa présence par une tache bleuâtre. Puis il subit certaines transformations chimiques et s'en va peu à peu. Ces modifications le font changer de couleur. La tache vire bientôt au verdâtre et au jaune avant de disparaître.

▲ Pourquoi le sang s'arrête-t-il de couler ?

Quand nous nous blessons, la peau se déchire ainsi que les petits vaisseaux sanguins situés près de sa surface. Et nous saignons. Mais, sauf dans les cas graves, nous ne saignons pas longtemps. Car le sang contient des substances particulières qui arrêtent bientôt son écoulement.

Le sang est composé de plusieurs substances. Or, certaines de ces substances réagissent entre elles au contact de l'air libre. Elles se transforment alors pour donner naissance à de minuscules filaments.

Lorsque nous saignons, ces filaments s'accumulent dans la plaie. Étroitement emmêlés, ils arrêtent au passage la plupart des autres composants du sang. Seul peut s'échapper un liquide clair appelé sérum. Le reste se dessèche rapidement. Il se forme ainsi une croûte dure qui referme la blessure : c'est la coagulation.

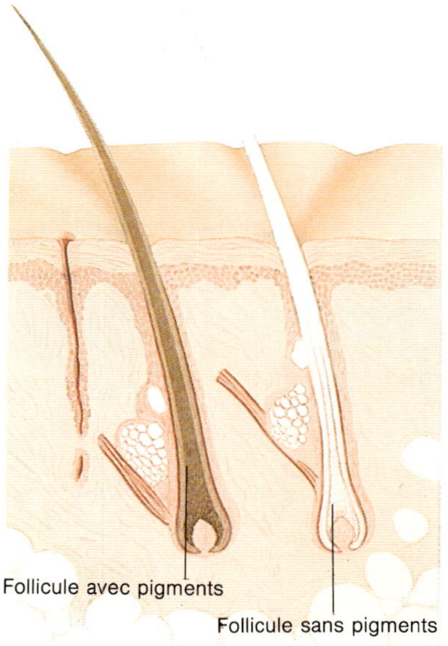

◄ Pourquoi les cheveux blanchissent-ils avec l'âge ?

Nos cheveux sont bruns, blonds ou roux parce qu'ils contiennent des substances colorantes appelées pigments. Mais quand nous vieillissons, ces pigments disparaissent peu à peu. Et c'est ainsi que nos cheveux deviennent gris ou blancs.

Chaque cheveu est planté dans un petit trou de la peau appelé follicule pileux. Dans ce follicule se trouvent des cellules qui produisent des pigments colorés. Et ces pigments passent dans l'enveloppe du cheveu dont ils déterminent ainsi la couleur.

A partir d'un certain âge, toutefois, les follicules cessent de produire des pigments. Les cheveux deviennent alors incolores, mais la lumière les fait paraître blancs. Souvent, des cheveux blancs poussent au milieu d'autres cheveux qui ont conservé leur couleur. Et ce mélange donne un aspect grisonnant à toute la chevelure.

► Qu'est-ce qui nous fait pleurer ?

Les larmes sont produites par de petits organes situés en arrière des yeux, les glandes lacrymales. Elles servent à humidifier la paroi extérieure du globe oculaire. Or, parfois, la production des glandes lacrymales devient trop abondante. Alors, les larmes « débordent » et s'écoulent sur nos joues.

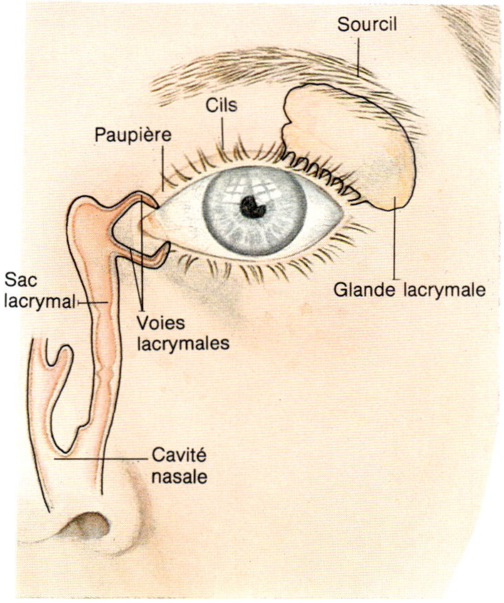

Les larmes humidifient la paroi de l'œil. Elles lui permettent de conserver sa transparence. Et puis elles la protègent contre les infections. Elles contiennent, en effet, une substance qui tue les microbes.

Les larmes sont réparties à la surface de l'œil par le mouvement des paupières. Puis elles sont évacuées par les voies lacrymales vers l'intérieur du nez. Parfois, sous l'effet de la douleur ou de l'émotion, les larmes deviennent anormalement abondantes. Les voies lacrymales ne suffisent plus à les évacuer. Alors elles débordent : nous pleurons.

▲ Comment nos yeux sont-ils protégés ?

Les yeux sont des organes fragiles. Mais ils sont bien protégés. Les larmes détruisent les germes porteurs de maladies. Les paupières, les cils et les sourcils font office de barrières ou de boucliers contre tout ce qui pourrait provoquer des blessures.

Les paupières et les cils sont les premières lignes de défense de nos yeux. Les paupières sont pourvues de muscles. Elles peuvent ainsi se fermer automatiquement à l'approche d'un danger. Ce mouvement réflexe se produit par exemple pour prévenir un coup ou pour faire obstacle à une lumière trop vive.

Les paupières sont bordées par une barrière de poils raides, les cils. Ceux-ci peuvent arrêter toutes sortes d'objets dangereux et notamment les poussières. Quant aux sourcils, ils empêchent la sueur du front de couler jusque dans nos yeux.

Aliments qui contiennent du fer

Aliments qui contiennent des vitamines C

Des repas équilibrés

▲ A quoi servent les vitamines ?

Les vitamines n'existent dans notre corps qu'en de très faibles quantités. Mais leur rôle est extrêmement important. Si nous en manquons, nous tombons malades.

Nous n'avons besoin chaque jour que de 1,5 milligramme de vitamine B_1. Cette dose peut paraître négligeable. Et pourtant, si elle nous fait défaut, une très grave maladie nous guette : le béribéri. Or, toutes les autres vitamines sont également indispensables à notre santé.

La vitamine A, par exemple, est particulièrement importante pour notre vision. On la trouve notamment dans le foie et les carottes. La vitamine C est surtout abondante dans les fruits et les légumes frais. Les marins d'autrefois n'avaient pas les moyens de conserver ces aliments au cours de leurs longues traversées. Aussi manquaient-ils de vitamine C. Et beaucoup mouraient d'une maladie appelée scorbut.

▲ Peut-on manger n'importe quoi ?

Notre corps a besoin qu'on lui fournisse régulièrement certaines substances : des protides, des sucres, des graisses, des vitamines et des sels minéraux. C'est le rôle de notre nourriture d'assurer cet approvisionnement dans de justes proportions.

La nourriture est le carburant de notre corps. C'est elle qui lui donne l'énergie nécessaire à son fonctionnement. Les aliments les plus riches en énergie sont ceux qui contiennent beaucoup de sucres et de graisses : le miel, le lait, le fromage.

Les protides aussi sont indispensables, surtout aux enfants qui grandissent : ils font partie des matériaux de construction de notre corps. On en trouve par exemple dans la viande et le poisson.

Enfin, grâce aux légumes et aux fruits frais, nous ne manquerons ni de vitamines, ni de sels minéraux.

▲ Peut-on manger autant que l'on veut ?

Si notre corps n'est pas assez nourri, il s'affaiblit. Il finit alors par tomber malade. Mais s'il est trop nourri, il ne parvient pas à utiliser tout ce qu'il absorbe. Et cette surcharge alimentaire le fait grossir.

La quantité d'énergie que nous procure l'alimentation se mesure en calories. Or, nous n'avons pas tous besoin de la même quantité de calories. Cela dépend de notre âge, de notre taille et de notre poids. Cela dépend aussi de ce que nous faisons.

Un employé de bureau, par exemple, dépense moins d'énergie qu'un bûcheron. De même, il faut bien davantage de calories à un enfant en pleine croissance qu'à un vieillard. Chacun doit donc pouvoir trouver dans sa nourriture la quantité de calories qui correspond à ses besoins. Si nous mangeons trop, l'excédent de calories se transforme en graisse. Alors notre poids augmente. Et cela peut être dangereux pour notre santé.

◄ Pourquoi faut-il prendre de l'exercice ?

Une machine mal entretenue finit par tomber en panne. Or, notre corps est une machine particulièrement perfectionnée. Et pour rester en bon état, il lui faut de l'exercice. Sinon, il fonctionne mal et risque de tomber malade.

Faute d'exercice, nous ne dépensons pas la totalité de l'énergie fournie par notre alimentation. Et cette accumulation de « carburant » non utilisé nous fait grossir. En outre, nos muscles s'affaiblissent.

L'exercice physique augmente en effet la force et la souplesse de nos muscles. Et ceux-ci sont alors capables de remplir parfaitement leurs fonctions. Nos attitudes et nos mouvements sont harmonieux et équilibrés : nous sommes « en forme ». Et puis les exercices musculaires activent la circulation du sang. Enfin, ils nous permettent aussi de mieux respirer.

► De quoi notre corps est-il fait ?

Notre corps est formé de plus d'une vingtaine d'éléments chimiques. Ceux-ci se combinent entre eux pour former des composés. Et ces composés servent à la construction et au bon fonctionnement de nos organes.

L'élément le plus abondant de notre corps est l'oxygène. Il se combine avec de l'hydrogène pour former de l'eau. Or, l'eau représente plus des deux tiers de notre poids.

Le second élément le plus abondant est le carbone. Il entre dans la composition de trois sortes de matériaux qui sont très importants pour la vie : les sucres, les graisses, les protides.

Notre corps contient également une bonne quantité de calcium et de phosphore, ainsi que l'équivalent de deux bonnes cuillerées de soufre. On y trouve en outre suffisamment de fer pour fabriquer un clou d'au moins 2 centimètres et près de 30 grammes d'autres métaux.

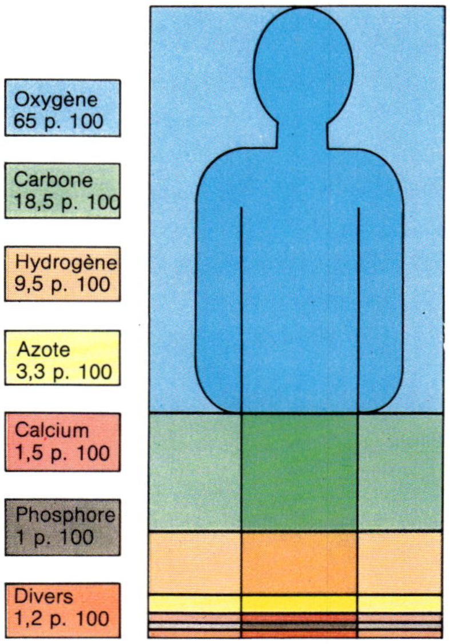

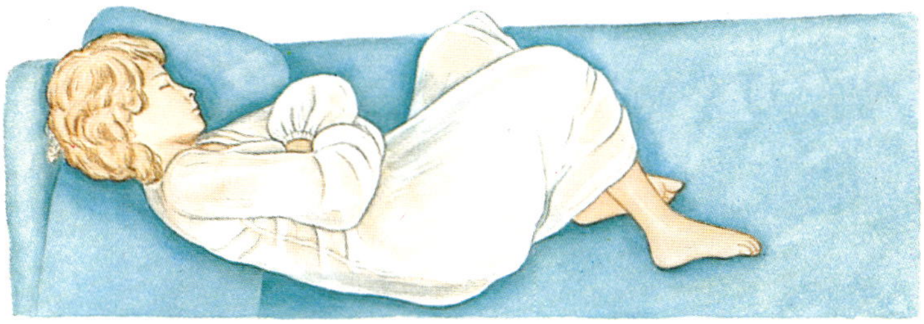

▲ Pourquoi faut-il dormir ?

Nous passons environ un tiers de notre vie à dormir. C'est indispensable à la santé de notre corps et de notre esprit. Mais la quantité de sommeil dont nous avons besoin n'est pas la même pour tous. Elle dépend en particulier de notre âge et de nos activités.

Un bébé nouveau-né passe presque la totalité de son temps à dormir. Il ne se réveille qu'aux moments où on le nourrit. Un jeune enfant a besoin d'environ douze heures de sommeil par jour. Pour un adulte, sept ou huit heures suffisent. Certains se contentent même de beaucoup moins.

Mais on ne peut sans danger se passer longtemps de sommeil. Si l'on reste plus de trente-six heures sans dormir, on devient irritable et mal à l'aise. Et au-delà de soixante heures, on commence à « voir » et à « entendre » des choses qui n'existent pas. Le système nerveux est alors complètement perturbé.

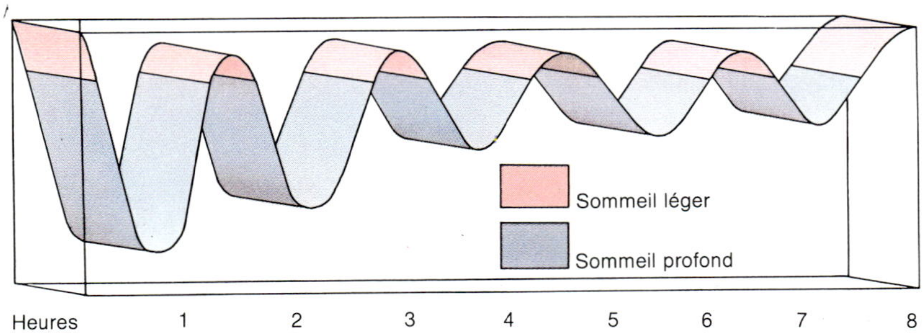

▲ Pourquoi rêvons-nous ?

Quand nous dormons, notre esprit échappe à tout contrôle. Il fonctionne alors en dehors de notre volonté. Et ses créations peuvent prendre les tournures les plus extravagantes : nous rêvons.

Aussitôt endormis, nous plongeons dans un très profond sommeil. Mais à plusieurs reprises au cours de la nuit, nous passons par des périodes de sommeil beaucoup plus léger. Et ces périodes deviennent de plus en plus longues à l'approche du matin.

C'est durant ces périodes de sommeil léger que nous rêvons. Nos paupières et notre corps sont alors agités de brefs tressaillements. Si nous nous réveillons au beau milieu d'un rêve, nous en conservons généralement des souvenirs plus ou moins précis. Mais ceux-ci s'effacent ensuite rapidement.

Nous ne savons pas très bien à quoi servent les rêves. Mais ils semblent jouer un rôle important dans notre sommeil.

► Pourquoi faut-il parfois prendre sa température ?

La température intérieure de notre corps est normalement de 37° environ. Elle peut varier légèrement du matin au soir (de 36° 8 à 37° 3). Mais si elle augmente trop brutalement, c'est que nous sommes malades.

La température du corps se mesure à l'aide d'un thermomètre médical. C'est un tube de verre d'une douzaine de centimètres de long. A l'intérieur se trouve une échelle graduée. Et sur cette échelle est fixé un autre tube, beaucoup plus mince, qui contient à sa base un peu de mercure.

Or, à la chaleur, le mercure augmente de volume. Alors il monte le long de l'échelle graduée. Et le chiffre devant lequel il s'arrête indique le degré de température. Lorsque celle-ci est très élevée, c'est généralement le signe d'une maladie infectieuse. Mais on peut également être malade sans que la température augmente.

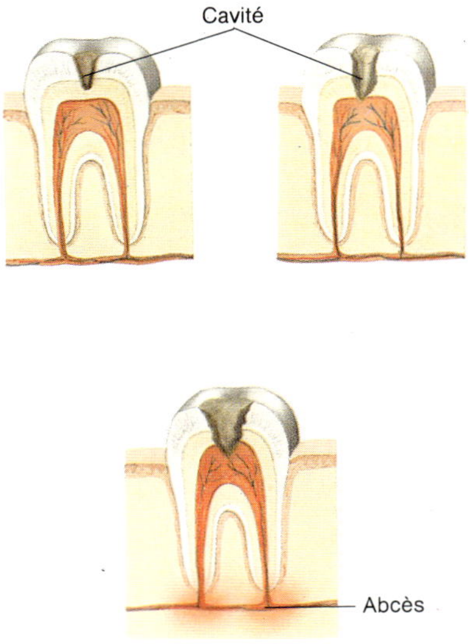

◄ Pourquoi faut-il se brosser les dents ?

Les dents ont l'air dures et solides. Pourtant, elles peuvent être attaquées par des microbes. Et ces microbes se développent sur les débris de nourriture qui restent coincés entre nos dents. C'est pourquoi celles-ci doivent être nettoyées souvent.

Après chaque repas, de minuscules morceaux de nourriture restent collés contre nos dents. Des microbes s'y multiplient rapidement. Puis ils attaquent l'émail qui recouvre et protège nos dents.

Si l'on ne fait rien pour les éliminer, les microbes continuent de creuser de plus en plus profondément. Ils finissent ainsi par atteindre la pulpe où se trouvent des terminaisons nerveuses. Et l'on commence alors à souffrir.

L'infection microbienne peut même aller jusqu'à l'os de la mâchoire. Elle y forme un abcès extrêmement douloureux. Le meilleur moyen d'éviter cela est de se brosser les dents après chaque repas.

► Pourquoi est-il dangereux de fumer ?

Ceux qui fument risquent de mourir plus jeunes que les autres. Car la fumée du tabac peut provoquer de très graves maladies : bronchites chroniques, cancer du poumon, maladies de cœur.

La fumée du tabac contient de nombreuses substances. Certaines de ces substances sont dangereuses. C'est le cas, par exemple, de la nicotine, qui est un véritable poison : on s'en sert pour tuer les insectes nuisibles des jardins.

Celui qui aspire la fumée du tabac fait donc pénétrer toutes ces substances à l'intérieur de son corps. Une partie se dépose dans les poumons. Le reste passe dans le sang qui le transporte vers d'autres organes.

Fumer devient vite une habitude. Il est alors de plus en plus difficile de s'en passer. C'est pourtant nuisible à la santé. Mieux vaut donc éviter de commencer. C'est le meilleur moyen de ne pas prendre de risque.

▲ L'alcool est-il bon ou mauvais ?

L'alcool peut stimuler l'appétit ou calmer la tension nerveuse. Mais si l'on en consomme trop, il devient dangereux. Il détruit les réflexes. Il fait perdre le contrôle de soi-même. Et il empoisonne l'organisme.

Un adulte peut boire chaque jour quelques verres de vin. Cela ne mettra pas sa santé en danger. Mais en plus grandes quantités, l'alcool produit des effets redoutables. Il engourdit certaines parties du système nerveux.

Celui qui boit trop ressent une agréable impression de bien-être. Il oublie ses soucis. En fait, il devient incapable de réagir normalement devant les difficultés. Son jugement est faussé, de même que ses réflexes. Au volant d'une automobile, il risque à tout moment un accident.

Il y a également de l'alcool dans la bière et le cidre, ce qui les fait déconseiller aux jeunes.

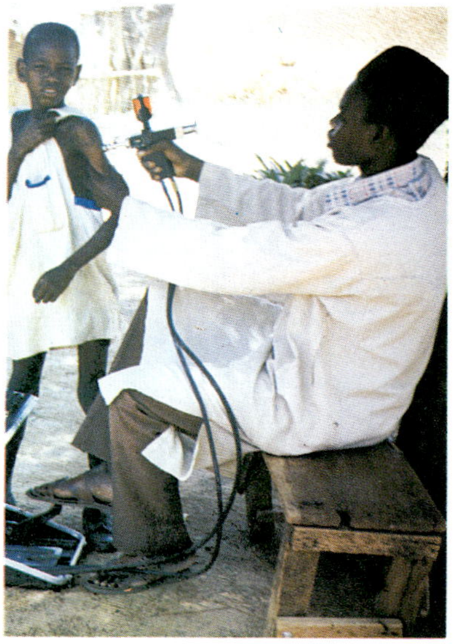

◄ Pourquoi est-il indispensable de se faire vacciner ?

Quand nous sommes vaccinés contre une maladie, nous ne risquons plus de l'attraper. La vaccination est donc une méthode efficace de protection. Elle augmente nos chances de vivre en bonne santé.

Certaines maladies comme la variole étaient autrefois très graves. Elles faisaient alors de nombreuses victimes. Aujourd'hui, grâce à la vaccination, elles ont disparu dans la plupart des pays.

Il existe des vaccins particuliers pour toutes sortes de maladies telles que la poliomyélite, le tétanos, la coqueluche, la diphtérie ou même la grippe.

Les vaccins se prennent par la bouche, en piqûre ou par grattage de la peau. Ils aident notre corps à produire des substances qui s'opposent au développement de la maladie. Ces substances s'appellent des anticorps.

Curiosités de la science

▸ Pourquoi se voit-on dans un miroir ?

On se voit dans un miroir parce que les rayons lumineux rebondissent sur sa surface argentée. Les objets qui nous entourent sont éclairés par une source de lumière. Et nous les voyons à partir du moment où les rayons lumineux qu'ils réfléchissent pénètrent dans notre œil. De la même façon, quand nous nous regardons dans une glace, la lumière qui part de nous-même va frapper le miroir, repartir en sens inverse, et pénétrer dans nos yeux. C'est pourquoi nous voyons notre propre image.

Les rayons lumineux se déplacent en ligne droite. Toutefois, lorsqu'ils rencontrent un miroir, ils repartent dans une autre direction, mais toujours en ligne droite. Comme ils sont invisibles en cours de route, il nous semble finalement qu'ils viennent de la direction du miroir. C'est pourquoi on a l'impression de voir une copie de soi-même située derrière la glace.

Mais cette image n'est pas une copie exacte : elle est inversée. Le côté gauche apparaît à droite et vice versa.

◂ Pourquoi les objets tombent-ils vers le sol ?

Tout objet qu'on lâche d'une certaine hauteur tombe parce qu'il est attiré. Cette force invisible qui attire toutes les choses s'appelle la gravitation (ou pesanteur). Si elle n'existait pas, tous les objets qui nous entourent flotteraient autour de nous.

La force de gravitation provient de la Terre, mais notre planète n'est pas la seule à produire cette force. Tous les astres et objets de l'Univers la possèdent plus ou moins suivant leur taille. Notre propre force de gravitation est évidemment beaucoup plus faible que celle de la Terre tout entière ; c'est pourquoi les objets tombent vers le sol et non vers nous.

Sur la Lune, la force de gravitation est six fois plus faible que sur Terre, parce que la Lune est plus petite. Un astronaute qui chute sur la Lune tombe plus lentement que sur Terre. Et il peut aussi sauter plus haut.

▸ Pourquoi la colle permet-elle d'assembler solidement deux objets ?

Les colles contiennent des produits chimiques. Quand la colle est déposée, ces produits chimiques se modifient et s'infiltrent dans les moindres cavités de la surface à coller. Lorsque les deux surfaces à assembler sont mises en contact, le produit se solidifie et maintient les deux parties l'une contre l'autre.

Les produits chimiques contenus dans la colle sont faits de particules microscopiques appelées molécules. Elles se répandent donc dans les plus petits trous des surfaces sur lesquelles on les dépose ; là elles se lient fortement avec les molécules de ces surfaces. Aussi, une fois mises en contact, ces deux surfaces vont s'accrocher l'une à l'autre.

Mais certaines molécules ont plus de force d'adhésion que d'autres. Aussi existe-t-il différentes sortes de colles, suivant que l'on veut coller du fer, du bois, etc.

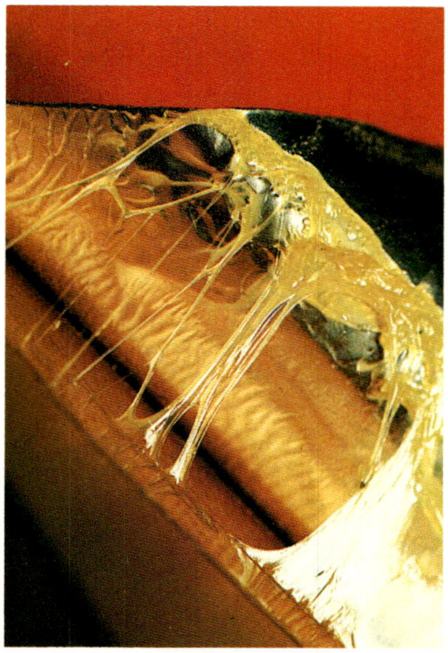

◂ Pourquoi le savon fait-il des bulles ?

Lorsque l'on souffle dans l'eau, avec une paille par exemple, des bulles d'air montent en surface. Si l'eau est savonneuse, l'air n'est pas comprimé aussi fortement, et des bulles plus grosses se forment en surface.

Les molécules qui forment l'eau s'attirent les unes les autres avec une grande force. L'air ne peut donc s'étaler dans l'eau et reste emprisonné dans de minuscules sphères, des bulles.

Ces bulles, plus légères, cherchent à monter, et viennent « crever » en surface ; là elles peuvent s'étaler, puisqu'il n'y a plus d'eau. A la limite entre l'air et l'eau s'exerce une force appelée « tension superficielle ». Quand une bulle arrive à l'air libre, cette force repousse l'eau vers l'arrière et la bulle disparaît. Mais le savon a la propriété de diminuer la tension superficielle : une pellicule d'eau peut alors se former autour de la bulle d'air, qui poursuit son chemin en s'envolant.

▸ Pourquoi le papier se déchire-t-il facilement ?

Le papier paraît lisse et solide, mais il ne l'est pas. Si on l'examine de près avec une loupe, on constate qu'il est formé par l'assemblage de nombreuses petites fibres imbriquées les unes dans les autres. Si l'on tire un peu fort, les fibres se séparent et le papier se déchire.

Le papier se fabrique à partir d'une pâte, justement appelée pâte à papier. On l'obtient en faisant dissoudre du bois dans un produit chimique. On utilise aussi de la paille et des vieux chiffons pour les papiers de moins bonne qualité. Cette pâte est étalée entre des rouleaux et séchée pour former de grandes feuilles qui sont ensuite découpées.

Pour les papiers les plus résistants, de la colle est ajoutée à la pâte à papier. Ainsi les fibres sont plus solidement maintenues ensemble. Mais ce n'est pas le cas pour les papiers-tissus, certains mouchoirs et serviettes par exemple, qui se déchirent facilement.

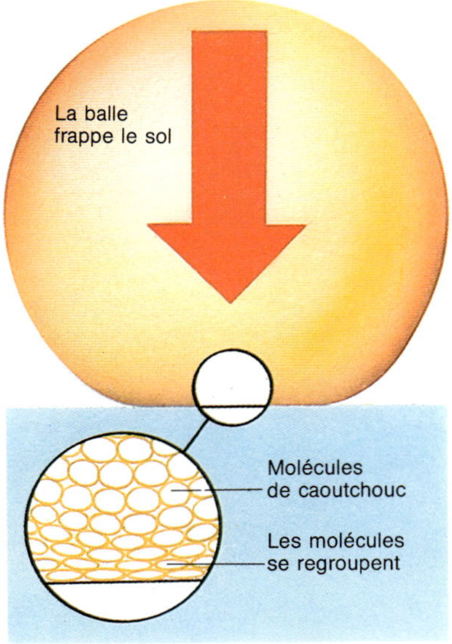

▲ Pourquoi les balles en caoutchouc rebondissent-elles ?

Lorsque l'on tend un élastique de caoutchouc, il résiste, mais se laisse étirer. Quand on le relâche, il reprend aussitôt sa forme initiale. Une balle de caoutchouc est en quelque sorte un élastique fonctionnant à l'envers. Au moment où la balle frappe le sol, elle s'aplatit un peu, puis reprend sa forme normale. Elle grossit donc en une fraction de seconde, et c'est ce mouvement qui la projette en l'air.

Le caoutchouc a la propriété d'être élastique, ce qui signifie qu'il reprend sa forme de départ si on l'étire ou si on le comprime.

Cette propriété est due au fait que les molécules du caoutchouc sont moins proches, moins « soudées » les unes aux autres que celles des corps plus « durs » — le fer ou le béton par exemple. On peut donc les écarter, leur force de liaison les ramène ensuite à leur position de départ.

C'est ce « va-et-vient » qui les fait rebondir.

▼ Pourquoi certains objets rouillent-ils ?

Les objets en fer finissent toujours par rouiller au bout d'un certain temps. L'acier rouille également, parce qu'il contient du fer. C'est l'oxygène, gaz invisible contenu dans l'air, qui est responsable de la rouille.

L'oxygène attaque le fer pour former un composé chimique appelé oxyde de fer. L'eau, même sous forme de vapeur dans l'air, est nécessaire à cette action. C'est pourquoi les objets en fer ou en acier placés dans des endroits humides rouillent rapidement. L'oxyde de fer est de couleur brun-rougeâtre : c'est la couleur de la rouille. Cette attaque se poursuit jusqu'à ce que tout l'objet ait été tranformé en rouille. Comme celle-ci n'est pas résistante, les morceaux de fer rouillés deviennent plus fragiles et finissent par casser. On lutte contre la rouille en recouvrant les objets métalliques d'une peinture spéciale.

▲ Pourquoi un ballon flotte-t-il dans l'air ?

Quand on gonfle un ballon avec un gaz appelé hydrogène, il flotte dans l'air. Tout simplement parce que l'hydrogène est plus léger que l'air. Le ballon peut alors s'élever, exactement comme une bulle d'air dans l'eau.

L'hydrogène qui se trouve dans le ballon possède un certain poids ; mais il a une densité plus faible que celle de l'air. Cela signifie que le ballon est moins lourd quand il est rempli d'hydrogène que lorsqu'il est rempli d'air. C'est pourquoi il peut s'élever.

Le gaz hydrogène est formé de molécules plus petites et plus légères que toutes les autres molécules existantes. C'est le moins dense de tous les gaz. Il est donc idéal pour gonfler les ballons, mais il est aussi très dangereux : c'est en effet un gaz explosif. On lui préfère donc l'hélium, gaz un peu moins léger, mais sans danger.

On peut aussi gonfler les ballons à l'air chaud, qui est plus léger que l'air froid : on a alors une montgolfière.

◄ Pourquoi une toupie qui tourne ne tombe-t-elle pas ?

Si l'on fait tourner une toupie, elle restera droite aussi longtemps que son mouvement de rotation sera suffisamment rapide. En ralentissant elle commencera à osciller, puis tombera sur le sol. Cette propriété vient de ce qu'un objet qui tourne rapidement sur lui-même devient moins sensible aux forces extérieures. Tant qu'elle tourne, la toupie résiste à la force de pesanteur, qui cherche à la faire tomber.

Quand la toupie est exactement verticale, l'équilibre est parfait. Mais au fur et à mesure qu'elle ralentit, la pesanteur reprend le dessus et l'on voit sa tige décrire des cercles de plus en plus larges, jusqu'à la chute.

Ce mouvement de la toupie est appelé « précession ». Et notre planète, la Terre, présente elle aussi un mouvement de précession, puisqu'elle tourne sur elle-même comme une toupie.

► Pourquoi les objets humides paraissent-ils brillants ?

Les choses lisses paraissent brillantes, parce qu'elles renvoient presque toute la lumière qui les frappe. Une surface rugueuse, au contraire, paraît plus sombre, parce que les nombreuses petites cavités qu'elle comporte absorbent la lumière. Mais si cette surface rugueuse est humide, l'eau envahit les cavités et lui donne un aspect lisse, donc brillant.

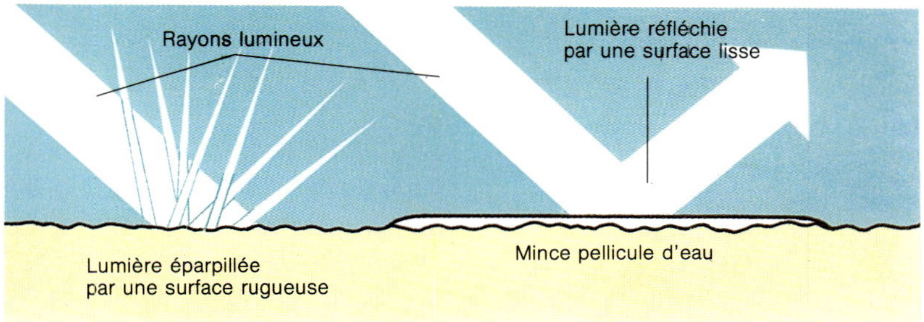

Une surface lisse renvoie tous les rayons lumineux qui la frappent dans une même direction. Ce qui signifie qu'il y a un angle sous lequel cette surface paraît plus brillante. On s'en rend très bien compte au-dessus de l'eau.

Les rayons lumineux qui frappent une surface rugueuse sont, par contre, renvoyés dans toutes les directions. L'ensemble paraît alors uniforme, et ne brille pas.

► Pourquoi n'y a-t-il que dix chiffres ?

Tous les nombres que nous utilisons se « fabriquent » avec seulement dix « figures ». Ce sont les chiffres bien connus : 0, 1, 2, 3, 4, 5, 6, 7, 8 et 9. Le système décimal a certainement été retenu parce que les premiers hommes comptaient sur leurs doigts, et que nous en avons dix au total.

Même encore, il nous arrive de compter sur nos doigts. Les Romains de l'Antiquité utilisaient des lettres pour former leurs nombres : ainsi V signifie 5 et C vaut 100. Mais ce système rend les opérations (multiplications et divisions, par exemple) très difficiles à exécuter.

Les ordinateurs, eux, utilisent seulement deux chiffres : 0 et 1. Pour calculer, ils convertissent nos nombres décimaux en nombres binaires ; binaire signifie que l'on compte avec deux chiffres. Les opérations sont un peu plus compliquées, mais les ordinateurs travaillent très vite.

◂ Pourquoi le sucre fond-il dans l'eau ?

Si on laisse tomber un morceau de sucre dans une tasse de liquide, en remuant avec une petite cuiller, il disparaît. Mais lorsqu'on boit ce liquide, il a un goût sucré. C'est parce que le sucre s'est subdivisé en un très grand nombre de petites parties invisibles.

Le sucre est un assemblage de cristaux. Cela signifie que ses molécules sont alignées de façon bien ordonnée.

Lorsque le sucre se trouve plongé dans l'eau, les molécules de cette eau pénètrent dans chaque cristal. Aussitôt après, elles forcent les molécules de sucre à se séparer. C'est pourquoi elles se répartissent dans toute la tasse : on dit que le sucre est soluble dans l'eau.

Il existe au contraire des substances insolubles, parce que leurs molécules sont fortement liées les unes aux autres.

▸ Qu'est-ce qui fait flotter les bateaux ?

Un bateau peut flotter sur l'eau, même s'il est fait de métal ; c'est étonnant, parce que normalement les métaux coulent. Mais ici, le métal sert à délimiter une coque, qui contient un certain volume d'air. Or l'air est plus léger que l'eau. Le bateau peut donc flotter.

La force qui s'exerce sur le fond du bateau, de la part de l'eau, est appelée poussée d'Archimède. Elle est égale au poids du liquide déplacé par la coque du bateau ; plus cette coque est volumineuse, plus la force est importante.

Si la poussée d'Archimède est supérieure au poids du bateau, celui-ci flottera. C'est pourquoi l'on donne aux navires une forme assez trapue. Si la coque était effilée, ou si elle était remplie de métal, la poussée serait insuffisante et le bateau coulerait.

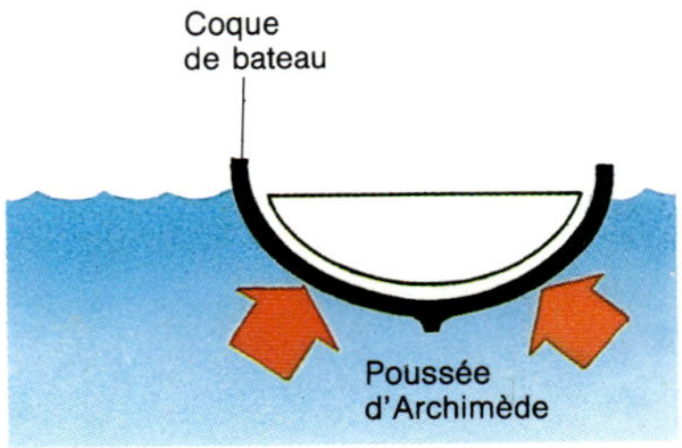

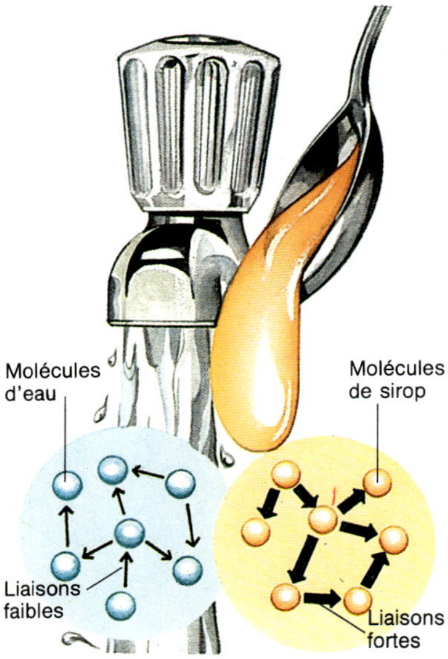

◂ Pourquoi l'eau s'écoule-t-elle plus facilement que le sirop ?

Le sirop qui sort d'une bouteille coule lentement parce qu'il colle un peu aux parois de la bouteille. L'eau, par contre, glisse mieux ; c'est pourquoi elle s'écoule plus facilement.

Les molécules de sirop s'attirent les unes les autres avec une assez grande force. Elles attirent également celles des parois du récipient qui les contient. Ce sont ces forces qui ralentissent l'écoulement du sirop.

Entre les molécules d'eau, les liaisons sont moins fortes. L'eau peut donc s'écouler sans difficulté. Mais si l'on chauffe le sirop, les molécules s'agitent plus vite ; ce mouvement supplémentaire affaiblit les forces d'attraction, et le liquide peut alors mieux s'écouler. Le sirop froid coule donc moins vite que le sirop chaud, et l'on constate le même phénomène pour bien d'autres produits.

► Pourquoi l'eau gèle-t-elle en hiver ?

L'hiver, il fait souvent suffisamment froid pour que le thermomètre descende en dessous de 0 °C. A partir de là, l'eau gèle et se transforme en glace.

L'eau, comme tous les liquides, est formée de molécules qui se déplacent dans tous les sens ; plus elle est chaude, et plus ces molécules se déplacent vite. Inversement, quand la température descend, les molécules ralentissent.

A 0 °C, leur mouvement est si lent que chaque molécule peut retenir celle qui lui est proche par une certaine force d'attraction. Toutes ensemble elles commencent à s'aligner. Elles vibrent alors autour d'une position fixe, au lieu de se déplacer dans tous les sens.

Au fur et à mesure que ces molécules se mettent en rang, l'eau change de nature : de liquide elle devient solide et se transforme en glace. Dès que la température remonte au-dessus de 0 °C, les molécules s'animent à nouveau, redonnant de l'eau.

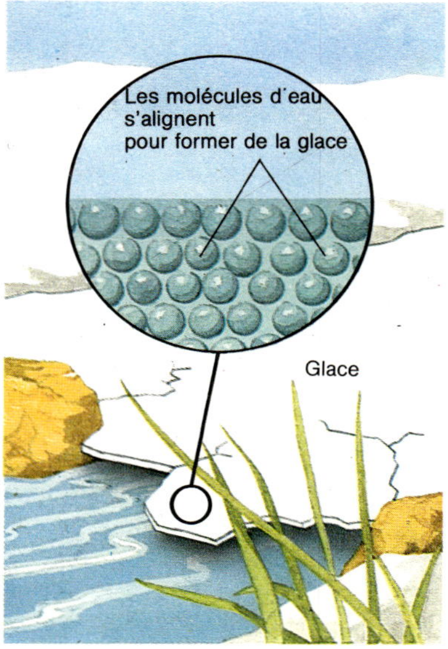

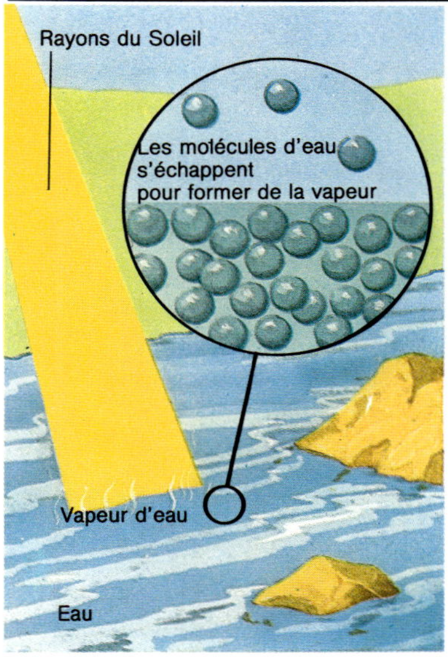

◄ Pourquoi une mare sèche-t-elle au soleil ?

La chaleur du Soleil transforme l'eau en vapeur d'eau. Il s'agit d'un gaz invisible, comme ceux qui sont contenus dans l'air que nous respirons. Et cette vapeur d'eau se mélange à l'air. Ainsi, peu à peu, toute l'eau d'une mare peut se transformer en vapeur.

Quand l'eau liquide se transforme en vapeur, on dit qu'elle s'évapore. Cela se produit parce que les molécules d'eau sont sans cesse en mouvement. A la surface, quelques-unes d'entre elles s'échappent de la masse liquide pour s'en aller dans l'air ; c'est de la sorte que se forme la vapeur d'eau.

S'il continue de faire chaud, toutes les molécules vont ainsi s'en aller dans l'atmosphère par évaporation. Voilà pourquoi, au bout d'un certain temps, la mare sera asséchée.

Mais il arrive aussi que l'air contienne trop de vapeur d'eau : il est humide. Dans ce cas, l'évaporation s'arrête et la mare ne se vide plus.

► Pourquoi la glace est-elle glissante ?

Si nous essayons d'attraper un glaçon entre nos doigts, il y a de fortes chances pour qu'il nous échappe. C'est parce que la chaleur des doigts fait fondre la glace en surface ; entre elle et nos doigts se forme alors une petite pellicule d'eau, qui rend le glaçon glissant.

En revanche, s'il fait vraiment très froid et que la glace est épaisse, elle est collante et non plus glissante. Pendant un court instant, là encore, la chaleur de nos doigts va faire fondre une petite partie de la glace. Mais presque immédiatement cette petite couche d'eau va se geler et coller à notre peau.

Les patineurs glissent sur la glace pour une autre raison : le poids du patineur, concentré sur la faible surface du patin, provoque une pression qui fait fondre la glace sur une petite épaisseur. Le patineur glisse donc sur une petite pellicule d'eau, qui regèle aussitôt après son passage.

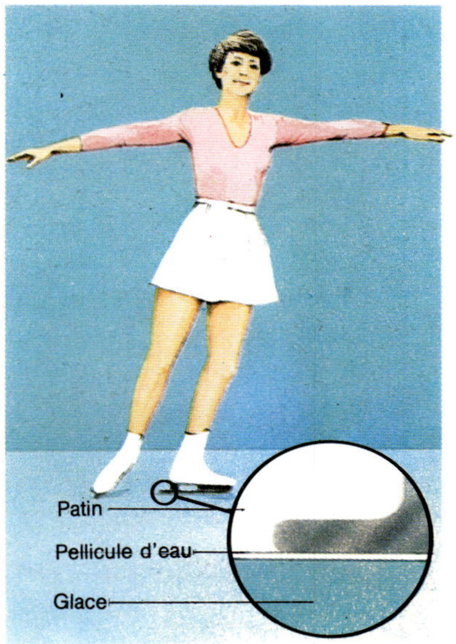

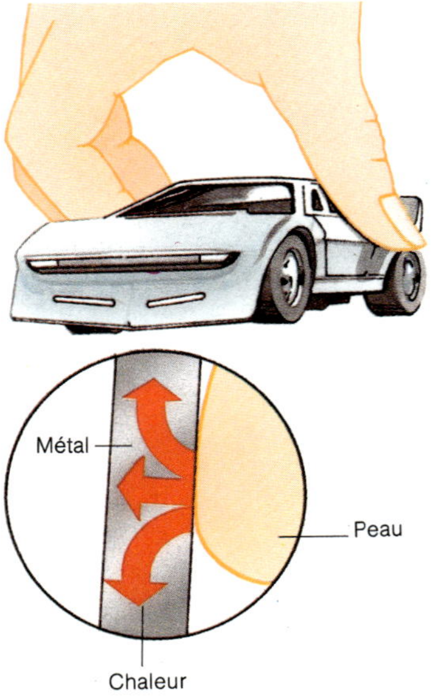

◂ Pourquoi le métal est-il froid au toucher ?

Quand on touche un objet métallique, il paraît froid, même s'il ne l'est pas. C'est parce que le métal est bon conducteur de la chaleur : la chaleur de la main lui est transmise. Autrement dit, notre main perd de la chaleur, et c'est le métal qui nous paraît froid.

Les objets métalliques transportent facilement la chaleur. La peau de notre main étant la plus chaude, le déplacement de chaleur va se faire dans le sens main-métal. C'est pourquoi nous avons l'impression de nous refroidir.

Le bois et le tissu, à l'inverse, sont de mauvais conducteurs de la chaleur. Ils n'« absorbent » pas la chaleur que dégage la main. Ils ne nous paraissent donc pas froids.

▸ Pourquoi le bois brûle-t-il, et pas le fer ?

Pour qu'un objet brûle, il lui faut de l'oxygène, gaz qui existe dans l'air. Quand le bois brûle, il prend un peu de cet oxygène. Ensemble, le bois et l'oxygène produisent de la chaleur. Mais le bois doit être chauffé pour pouvoir prendre l'oxygène qui lui est nécessaire. Alors seulement il peut commencer à brûler. Le fer, lui, n'absorbe pas l'oxygène quand on le chauffe.

De nombreuses autres matières brûlent : parce que dans leurs molécules s'infiltrent les molécules d'oxygène de l'air. Pour cela, les molécules doivent vaincre les forces qui normalement les séparent. Elles y parviennent si on leur fournit de l'énergie. Cette énergie provient de la chaleur de la flamme avec laquelle on allume le feu. Mais quelle que soit la chaleur de cette flamme, jamais les molécules de fer ne permettent à celles de l'oxygène de pénétrer. Il ne peut donc pas prendre feu.

◂ Pourquoi les vêtements tiennent-ils chaud ?

Les vêtements nous paraissent froids lorsqu'on les enfile. Mais très vite ils nous réchauffent, et donnent une impression de chaleur pendant toute la journée. C'est en réalité parce que notre corps produit de la chaleur. Les vêtements ne font que conserver cette chaleur, en l'empêchant de partir : ce sont des isolants.

Les vêtements sont de bons isolants. Cela signifie qu'ils ne conduisent pas bien la chaleur. Notre corps, par l'intermédiaire de la peau, chauffe ces vêtements, mais ceux-ci n'acceptent pas une grande quantité de chaleur. Le reste est maintenu autour du corps. Une petite partie s'échappe quand même s'il fait vraiment très froid à l'extérieur. Voilà pourquoi il faut alors se couvrir davantage.

Si les vêtements sont isolants, c'est parce qu'ils emprisonnent de l'air entre leurs fibres. Or l'air est lui-même un isolant.

▾ Pourquoi une flamme est-elle chaude ?

Quand une bougie est allumée, elle brûle avec une belle flamme chaude. A mesure qu'elle brûle, cette flamme absorbe de l'oxygène dans l'air. Cela lui permet de continuer à dégager de la chaleur.

Dans tout corps chaud les molécules se déplacent rapidement. Plus cette chaleur est grande, plus le déplacement est rapide.

▾ Pourquoi les allumettes s'enflamment-elles quand on les frotte ?

Quand vous frottez une allumette, vous placez sa tête (rouge ou jaune) contre un grattoir (brun). Le mouvement rapide de l'une contre l'autre provoque un dégagement de chaleur. C'est ce dégagement qui enflamme les substances chimiques fixées à l'extrémité du bâtonnet de l'allumette.

Lorsque la tête de l'allumette se déplace sur la surface rugueuse du grattoir, les molécules s'entrechoquent. Cela a pour effet d'augmenter la température du bout de l'allumette. A cette extrémité, sont fixées des substances chimiques qui s'enflamment facilement dès qu'on les échauffe.

Par sécurité, afin d'éviter que les allumettes s'enflamment au moindre frottement sur n'importe quelle substance, on a créé des allumettes de sûreté. Elles ne s'allument que si on les frotte sur le grattoir de leur propre boîte.

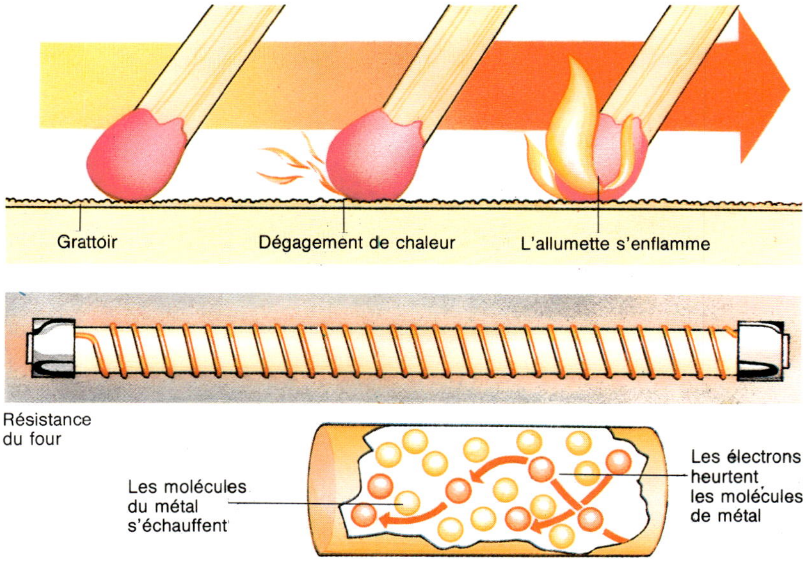

Dans une flamme l'oxygène de l'air se combine avec un combustible, par exemple du bois. Les molécules du bois et de l'oxygène se brisent séparément puis se réunissent pour former des molécules d'une autre sorte : de la cendre (carbone) et des gaz (gaz carbonique).

Dans cette transformation, de l'énergie est émise. Les nouvelles molécules, en effet, n'utilisent pas toute l'énergie correspondant aux anciennes molécules détruites : la différence correspond à la chaleur produite par les flammes.

▴ Pourquoi un four électrique est-il rouge ?

Quand on branche un four électrique, le courant passe à travers des fils jusqu'aux barres de la résistance chauffante. Ces barres deviennent alors chaudes. Or, tout ce qui est chaud émet non seulement de la chaleur mais aussi de la lumière. Cette lumière est rouge quand la température n'est pas encore très élevée. Et si l'on chauffe beaucoup, elle devient jaune, puis blanche.

Le courant électrique résulte du mouvement de petites particules appelées électrons. En traversant la barre métallique qui forme la résistance d'un four, ces électrons bousculent les molécules du métal. Celles-ci vibrent alors plus fortement qu'avant, en dégageant de la chaleur. De cette façon l'énergie électrique se trouve transformée en chaleur. Pour des températures faibles (500 °C environ) la lumière émise est rouge. Aux très fortes températures elle devient blanche, tant l'énergie est grande.

Transports modernes

▲ Pourquoi existe-t-il plusieurs sortes de pneus ?

C'est par leurs pneus que les véhicules sont en contact avec la route. C'est donc par leur intermédiaire qu'une automobile peut tourner et s'arrêter. Le rôle essentiel des pneus est d'absorber les secousses grâce à l'air qu'ils contiennent.

La plupart des automobiles sont équipées de pneus à carcasse radiale. On les appelle ainsi parce que les nervures internes qui leur donnent leur rigidité sont disposées dans le sens de la largeur (radialement).

Sur route enneigée il faut utiliser des pneus spéciaux, qui ont des sculptures profondes. On peut aussi garder les pneus normaux en les entourant de chaînes métalliques ; ainsi peuvent-ils mieux adhérer sur route glissante. Il existe aussi des pneus complètement lisses, pour atteindre de grandes vitesses sur des pistes spéciales. Les pneus des tracteurs, au contraire, possèdent des sculptures très marquées.

▼ Pourquoi y a-t-il tant d'automobiles différentes ?

La forme d'une automobile a une grande influence sur sa vitesse et sa consommation. En outre, son aspect compte beaucoup pour la plupart des acheteurs. D'où une grande diversité de modèles.

Les premières voitures automobiles n'étaient pas autre chose que des carrioles à cheval avec un moteur. Pourtant, il existait déjà une grande variété de modèles.

Dans les années 1920, quand apparut la technique de construction à la chaîne, tous les modèles eurent tendance à se ressembler. L'automobile-type de cette époque est une sorte de caisse montée sur roues.

Puis dans les années 50, et surtout après 1960, notamment aux États-Unis, on enregistra la tendance inverse : la mode était aux grosses voitures enjolivées.

Mais depuis 1973 et la crise du pétrole, des automobiles plus fonctionnelles et plus sobres sont apparues. L'aérodynamisme est très important pour réduire la résistance à l'air et faire baisser la consommation de carburant.

▼ Pourquoi faut-il attacher sa ceinture de sécurité ?

Les ceintures dans les automobiles sont un accessoire important pour notre sécurité. En cas d'arrêt brutal ou de choc, elles nous maintiennent contre le siège, nous préservant ainsi de blessures graves.

Si deux automobiles roulant à 60 km/h entrent en collision de front, l'effet est le même qu'un choc à 120 km/h contre un arbre ou un mur. Si leur ceinture de sécurité est attachée, les conducteurs auront de bonnes chances d'être seulement contusionnés ; sinon, ils seront projetés à travers le pare-brise, avec un grand risque d'être tués.

Les ceintures de sécurité sauvent des vies humaines. Dans la plupart des pays, la loi oblige les passagers avant à boucler leur ceinture. De plus en plus de véhicules sont équipés de ceintures à l'arrière. Les ceintures de sécurité ne conviennent pas aux enfants en bas âge, qui doivent être placés dans des sièges spéciaux.

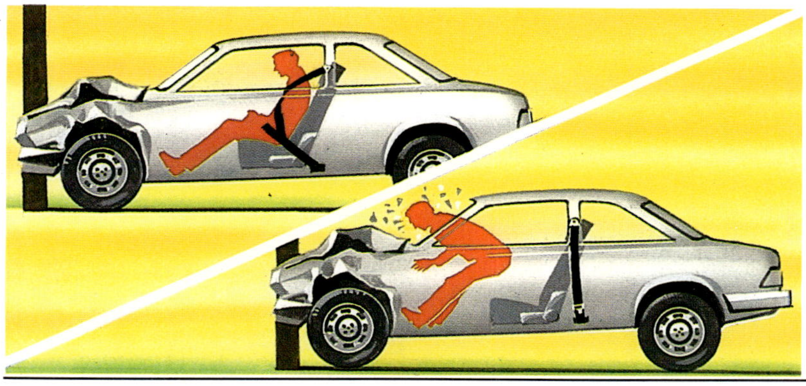

◄ Pourquoi les feux de signalisation sont-ils indispensables ?

Les feux tricolores au bord des routes permettent de régulariser le trafic automobile en certains endroits. Ils diminuent ainsi les risques d'accidents.

S'il n'y avait pas ces feux de signalisation aux carrefours, la circulation dans les villes serait quasiment impossible. Chaque conducteur voudrait se frayer un chemin, et ce serait le chaos.

A un carrefour, les feux tricolores laissent passer tour à tour les voitures sur chacun des axes. Mais il y a des carrefours plus compliqués, avec intersection d'un grand nombre de routes : les feux fonctionnent à tour de rôle.

Sur un grand axe, les feux peuvent aussi être réglés afin que l'automobiliste qui roule à vitesse normale ne trouve qu'une succession de feux verts aux différents carrefours qu'il traverse. Quand le feu est rouge, une flèche orange permet de passer quand même si l'on tourne à droite, mais on n'a pas la priorité.

▼ Pourquoi les roues de bicyclettes ont-elles des rayons ?

Les rayons permettent aux roues de bicyclettes de garder leur forme circulaire. Si la roue passe sur un caillou, par exemple, les rayons absorbent le choc et empêchent la jante de se déformer. Et ils sont surtout beaucoup moins lourds qu'une roue pleine.

La plupart des roues de bicyclettes modernes possèdent entre 24 et 40 rayons. Au centre de la roue ils sont tordus à angle droit et fixés sur le moyeu ; à l'autre extrémité ils pénètrent dans la jante et sont maintenus tendus par un écrou fileté.

Les premières bicyclettes dotées de roues à rayons sont apparues dans les années 1870. Elles nous paraîtraient aujourd'hui démodées mais elles étaient alors très perfectionnées par rapport aux premiers modèles.

▼ Pourquoi le métro circule-t-il sous terre ?

La plupart des grandes villes possèdent un système de trains souterrains qu'on appelle le *métropolitain* (en abrégé « métro »). Le métro permet de se rendre rapidement d'un endroit de la ville à l'autre en passant sous terre.

Le métro est le moyen le plus efficace pour transporter une grande quantité de voyageurs dans une grande ville.

En effet, la plupart de ceux-ci se déplacent à peu près aux mêmes heures. Ces « heures de pointe » correspondent au début et à la fin de la journée de travail. Le centre des grandes villes serait complètement paralysé si le métro roulait dans les rues.

De plus, dans le métro, un bien plus grand nombre de personnes peuvent prendre place ; et ces trains peuvent se succéder rapidement : il y a un métro toutes les minutes et demie aux heures de pointe.

Mais la construction d'un métro souterrain est très coûteuse.

▼ Pourquoi les trains utilisent-ils des ponts et des tunnels ?

Les ponts permettent aux trains de passer par-dessus les routes, les rivières ou les vallées. Les tunnels leur permettent de traverser des montagnes. Dans les deux cas, ils apportent un gain de temps en évitant les détours.

Les locomotives se déplacent de façon plus efficace, et donc plus économique, dans les lignes droites et horizontales. Mais cette condition ne se rencontre pas très souvent.

Quand ils rencontrent un obstacle naturel (une colline par exemple), les ingénieurs qui tracent les voies ferrées doivent prendre une décision : ou bien contourner l'obstacle, ou bien percer un tunnel. La première solution n'est pas toujours économique. De toute façon, on ne peut contourner d'immenses chaînes de montagnes...

D'où la solution du tunnel.

▲ Pourquoi faut-il entretenir les voies ferrées ?

L'entretien régulier des voies de chemin de fer est d'une grande importance. La moindre fissure dans un rail peut en effet provoquer un accident grave et faire dérailler le train.

Il n'y a pas si longtemps encore, les cheminots chargés de l'entretien des voies recherchaient les défauts en les « sonnant » avec un marteau spécial. Et ils vérifiaient leur alignement à l'œil.

Maintenant, ce travail est effectué automatiquement par des machines. Il s'agit de wagons spéciaux, qui se déplacent avec leur propre locomotive, ou attelés derrière un convoi normal ; ils sont équipés pour détecter les moindres défauts des voies.

L'un des points faibles des voies de chemin de fer est l'espacement de dilatation entre deux rails. Les anciens rails ne mesuraient guère plus de 30 mètres, mais depuis 1960 on utilise des rails soudés de 400 mètres de long. Ils sont même parfois soudés sur place pour former un rail unique de plusieurs kilomètres.

▸ Pourquoi y a-t-il des signaux sur les voies ferrées ?

Les signaux contrôlent le déplacement des trains. Ils les maintiennent à une certaine distance les uns des autres ; ils leur permettent aussi de rouler régulièrement pour être à l'heure.

Un « canton » est un tronçon de voie d'une certaine longueur : généralement 1 kilomètre et demi. Jamais plus d'un train ne doit se trouver en même temps dans un canton. Des feux tricolores contrôlent l'entrée dans ces cantons. Au rouge, le conducteur de la locomotive doit s'arrêter ; à l'orange il doit ralentir ; au vert il peut passer. Ce système présente deux avantages : d'une part il ne peut pas y avoir de collision ; d'autre part l'horaire peut être respecté. De plus, des panneaux (chiffres blancs sur fond noir) indiquent les vitesses à ne pas dépasser en certains endroits du parcours.

▾ Pourquoi les trains roulent-ils sur des rails ?

Les roues des locomotives et des wagons restent sur des rails métalliques ; elles sont maintenues sur celui-ci grâce à un « boudin ».

Les roues et les rails en acier constituent une association très efficace. Comme il y a très peu de frottements entre la roue et le rail qui la supporte, les locomotives peuvent tirer de lourdes charges.

Les rails doivent avoir toujours le même écartement. Ils sont donc fixés sur des traverses ; celles-ci sont en bois, en acier ou en béton, et placées sur un ballast de roches tassées, qui les maintient.

▴ Pourquoi de nombreuses voies ferrées sont-elles électrifiées ?

Dans la plupart des pays européens les lignes de trains les plus utilisées sont électrifiées. L'avantage est que les trains électriques sont plus économiques. Mais l'investissement à réaliser est important.

Les locomotives électriques sont moins coûteuses à fabriquer que les locomotives Diesel. Elles prennent leur source d'énergie à l'extérieur, sur le réseau électrique national ; les autres emportent leur énergie avec elles.

L'inconvénient est que l'électrification des voies est très chère. Il faut installer d'un bout à l'autre du parcours un système pour suspendre le câble électrique. De plus, en cas de rupture de la ligne ou de panne de courant ces locomotives ne peuvent plus rouler.

L'électrification est quand même intéressante pour les lignes très fréquentées.

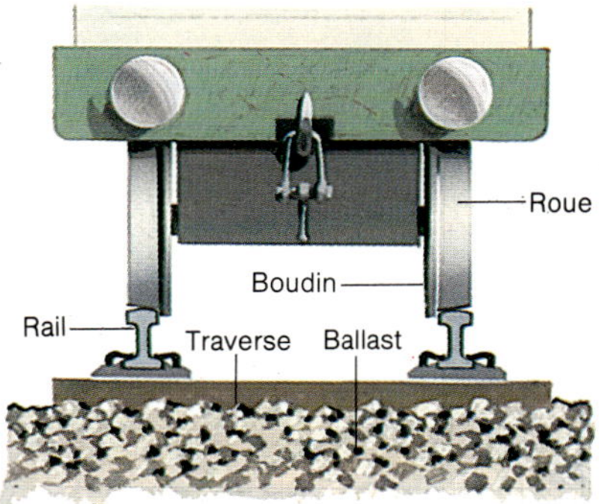

▼ Pourquoi les premiers avions étaient-ils des biplans ?

Jusqu'en 1930 pratiquement tous les avions étaient des biplans ; c'est-à-dire qu'ils possédaient une aile par-dessus et une aile par-dessous le fuselage. Des câbles reliaient ces ailes entre elles pour les rendre rigides.

Quand ils ont construit les premiers avions, au début de ce siècle, les pionniers de l'aviation n'avaient évidemment aucune expérience en la matière. Par précaution, ils construisirent donc des avions à deux ailes, qui se tenaient entre elles par tout un réseau de câbles métalliques.

Un avantage est que l'envergure, la longueur totale des ailes, n'avait pas besoin d'être très importante pour assurer la portance de l'avion.

L'inconvénient, c'est que les câbles offrent de la prise au vent ; l'avion est donc légèrement freiné en vol. Autre désavantage : les biplans sont plus difficiles à construire et à entretenir.

Sur les premiers avions, le pilote se trouvait dans un minuscule cockpit à ciel ouvert ; il lui fallait donc se couvrir chaudement et se protéger le visage en raison de la basse température et du déplacement d'air.

Le premier avion a volé en 1903, et une dizaine d'années plus tard ces appareils étaient couramment utilisés, pendant la Première Guerre mondiale. A partir des années 1920, des avions emportaient régulièrement des marchandises et des passagers. Puis, en 1956, les long-courriers propulsés par réaction ont fait leur apparition.

◄ A quoi servent les hélices d'un avion ?

L'hélice d'un avion utilise la puissance fournie par un moteur ; en tournant, cette hélice propulse l'avion, c'est-à-dire le fait avancer.

Une hélice est formée de trois ou quatre pales inclinées, fixées à un moyeu. En tournant, ces pales se vissent en quelque sorte dans l'air. L'air qui passe sur leur face supérieure se déplace plus rapidement que l'air qui passe en dessous. Il y a donc une pression plus forte en avant et une dépression en arrière : c'est cette différence qui fait avancer l'avion.

La plupart des hélices sont à pas variable ; c'est-à-dire que l'inclinaison des pales peut varier, ce qui permet d'adapter la vitesse.

Les avions à hélices sont plus économiques que les avions à réaction. Mais les premiers ne dépassent pas 750 km/h, tandis que les seconds volent au-delà. Pour les avions les plus légers, l'hélice est actionnée par un moteur à explosion, comme celui des automobiles. Les plus puissants utilisent des turbo-propulseurs, où les gaz d'un réacteur actionnent une turbine reliée à l'hélice.

▼ Pourquoi n'y a-t-il plus de dirigeables avec passagers ?

Les dirigeables, qui sont des ballons pilotés, étaient très populaires entre 1920 et 1930. Ils transportaient alors régulièrement des passagers sur de grandes distances. C'est à cause d'une série d'accidents graves qu'on les a abandonnés.

Les dirigeables sont des ballons dont l'enveloppe est rigide, et non pas souple comme celle des montgolfières. Cette enveloppe, faite d'aluminium par souci de légèreté, contient une multitude de ballonnets emplis d'un gaz léger (hydrogène ou hélium). Les passagers étaient placés dans une vaste cabine fixée sous le ballon. Pour descendre, il suffisait de laisser s'échapper du gaz.

Quatre grands dirigeables ont brûlé à quelques années d'intervalle dans les années 1930, provoquant de nombreux morts. Leur exploitation a alors été abandonnée. Toutefois, on voit réapparaître des projets de dirigeables géants, utilisant de l'hélium.

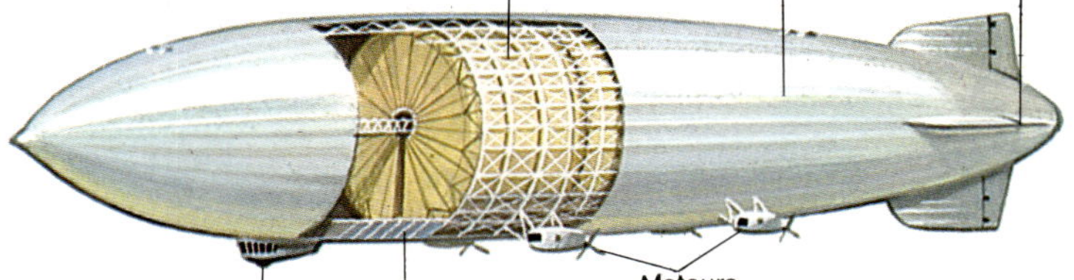

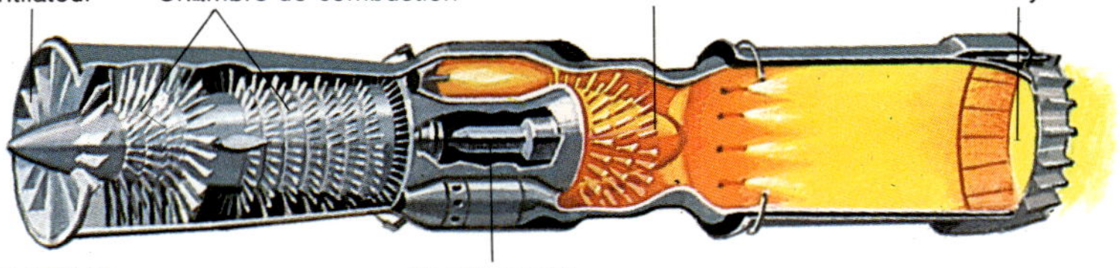

▲ Certains avions ont des réacteurs, pourquoi ?

Les réacteurs brûlent un mélange d'air comprimé et de kérosène (pétrole peu raffiné). Les gaz brûlés sortent du réacteur par la tuyère et fournissent la poussée qui propulse l'avion.

La plupart des avions actuels sont équipés de turboréacteurs. Une sorte de ventilateur placé à l'avant du réacteur, aspire l'air pour le diriger vers un compresseur.

Le compresseur est formé d'une série d'ailettes disposées en couronnes. Porté à haute pression par ce compresseur, l'air parvient dans la chambre de combustion où il se mélange au kérosène, et s'enflamme. Au passage, les gaz d'échappement font tourner d'autres ailettes, fixées sur le même axe. Ces ailettes, qui constituent une turbine, contribuent donc à faire tourner celles placées à l'avant. Les gaz brûlés sont éjectés par une tuyère.

C'est la poussée des gaz chauds jaillissant à grande vitesse par la tuyère qui propulse l'avion.

▲ Pourquoi les montgolfières s'envolent-elles ?

Les montgolfières sont des ballons à air chaud. Elles s'élèvent parce que l'air contenu à l'intérieur est plus léger que l'air de l'atmosphère. Comme l'air chaud a tendance à monter, le ballon s'élève.

Dans un fluide (gaz ou liquide), tout corps moins dense a tendance à monter : c'est ce qui se passe pour l'air chaud dans l'air froid. Le même phénomène se produit aussi pour l'hydrogène ou l'hélium, qui sont des gaz légers, par rapport à l'air. Tous les ballons dépendent donc du principe des différences de densité.

Les montgolfières modernes sont des enveloppes de nylon de forme à peu près sphérique. Elles sont ouvertes à la base pour laisser entrer l'air chauffé au moyen d'un brûleur à gaz. Lorsque le ballon est rempli d'air chaud, il s'élève. Pour descendre, il suffit de laisser cet air se refroidir.

Les passagers sont placés dans une nacelle légère (en osier) fixée en dessous du ballon.

▼ Pourquoi les voiliers ont-ils différents gréements ?

Les voiliers se déplacent sous la seule force du vent. Différentes sortes de voiles ont donc été faites, pour permettre la meilleure utilisation de ce vent.

Sur un petit voilier il n'y a que deux sortes de voiles : la grand-voile et le foc.

La grand-voile est une vaste pièce de tissu triangulaire solidement fixée au mât. Sa partie inférieure est tendue par une barre flexible : la bôme.

Le foc est une petite voile d'avant.

Les grands trois-mâts du siècle dernier portaient couramment une quinzaine de voiles (misaine, brigantine, etc.). Moins grands, les voiliers d'aujourd'hui sont pourtant souvent équipés de voiles complémentaires : grand foc, génois ; il y a aussi le spinnaker, une voile triangulaire très creuse, hissée par vent arrière.

▼ Pourquoi la plupart des bateaux ont-ils une quille ?

La quille est une pièce verticale rattachée sous le fond du bateau. Toute la coque est construite à partir d'elle.

Sur les navires en bois les varangues, qui sont les longues pièces en bois alignées parallèlement, viennent tout naturellement se fixer sur la quille. C'est une pièce très importante, qui assure la rigidité de la coque, mais aussi la stabilité de l'embarcation ou du navire.

Certains petits voiliers sont équipés de dérives, sortes de quilles qu'on peut enlever. Lorsque le vent souffle fort par l'arrière on peut remonter cette dérive, ce qui diminue la résistance à l'avancement ; le voilier gagne alors de la vitesse.

Autre avantage du dériveur sur le « quillard » : il n'a pas besoin de l'abri d'un port. Il peut accoster sur la première plage venue.

▼ Pourquoi existe-t-il différents types de navires marchands ?

Les navires sont construits pour toutes sortes d'usages. La conception d'un paquebot pour le transport des passagers ne peut être la même que celle d'un cargo transportant des marchandises.

La construction d'un navire coûte très cher. Pour que son exploitation soit rentable, le propriétaire doit se spécialiser.

Un pétrolier, par exemple, est conçu spécialement pour transporter du pétrole, et rien d'autre. Dans ce cas la salle des machines, le pont et les quartiers d'habitation sont regroupés à l'arrière, laissant tout le reste du navire pour les gigantesques réservoirs.

Les navires porte-conteneurs, eux, sont conçus pour transporter un maximum de caisses de marchandises diverses ; la moindre place disponible est mise à profit.

Quant aux cars-ferries, ils transportent directement des passagers et leurs voitures.

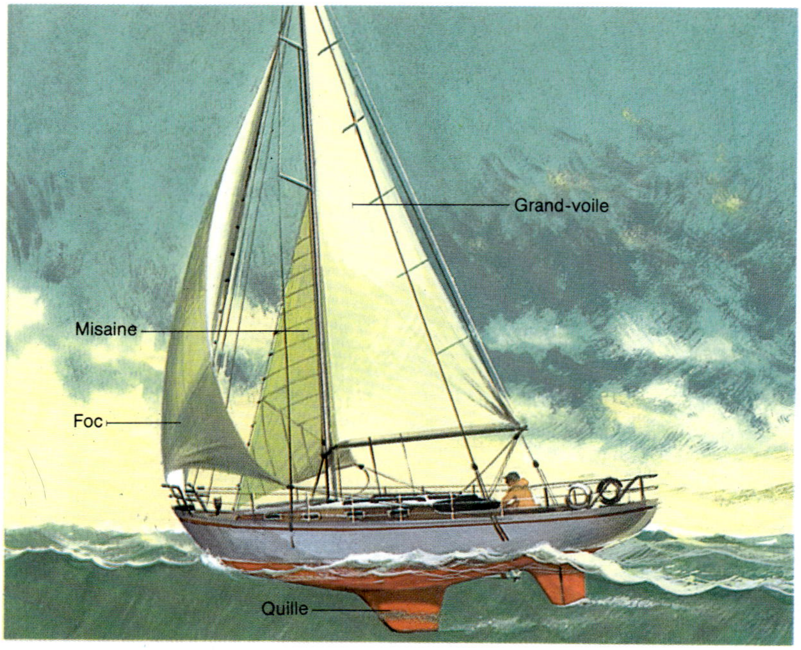

Pétrolier

Cargo

Car-ferry

Porte-conteneurs

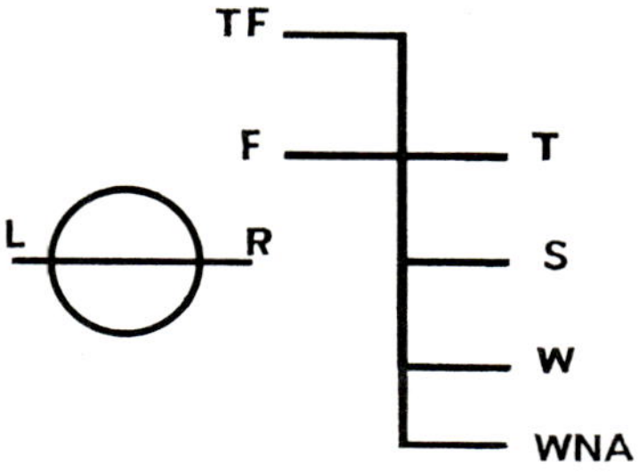

▲ Pourquoi les navires possèdent-ils une ligne de flottaison ?

Une ligne de flottaison doit être peinte sur la coque de tous les navires marchands. C'est un repère de sécurité, qui permet de ne pas trop charger un bateau.

Le cercle sur la gauche correspond à ce que l'on appelle la ligne « Plimsoll ». La ligne horizontale à partir du centre montre la limite jusqu'à laquelle un vaisseau peut être chargé. Les initiales LR sont celles de la « Lloyds Register », l'organisation anglaise chargée de faire appliquer ces règles de sécurité.

Les marques de droite indiquent les limites de charge maximale dans différentes conditions : en hiver dans l'Atlantique Nord (WNA), en hiver ailleurs (W), en été (S) et sous les Tropiques (T). Plus la mer est agitée, et moins un cargo peut être chargé.

Pour traverser l'Atlantique Nord en hiver, où l'on est assuré de trouver une mer agitée, il faut être moins chargé que pour effectuer un parcours dans les eaux tropicales calmes. Une eau peu salée (F) est moins porteuse qu'une eau très salée. Les cartes maritimes indiquent quelle ligne utiliser, suivant les régions.

▲ Pourquoi a-t-on inventé les sous-marins ?

Un vaisseau capable de se déplacer sous l'eau est extrêmement utile en temps de guerre. Il peut en effet attaquer des navires ennemis, ou transporter des hommes et du matériel en secret.

Le premier véritable sous-marin a été le *Turtle,* construit par les Américains en 1776. Son moteur était actionné à la main !

Mais ce n'est que dans les toutes dernières années du XIXe siècle que furent construits les premiers sous-marins opérationnels.

Les sous-marins ont joué un grand rôle dans le déroulement des deux guerres mondiales. Ils provoquèrent notamment un manque de matières premières et de nourriture en coulant les cargos de ravitaillement des différents pays en guerre.

Les sous-marins modernes sont équipés de réacteurs nucléaires, qui leur donnent une autonomie considérable. Ils possèdent aussi des missiles à longue portée qui peuvent être mis à feu sous l'eau.

▼ Pourquoi les canaux possèdent-ils des écluses ?

Une écluse, c'est comme une marche d'escalier. Elle fait monter ou descendre les bateaux d'un niveau à l'autre du canal.

Les canaux sont en quelque sorte des rivières artificielles.

Une péniche qui remonte le courant va d'abord pénétrer dans le sas de l'écluse, dont les portes vont se refermer derrière elle. Puis on ouvre les vannes avant du sas pour laisser entrer l'eau du niveau supérieur. La péniche s'élève alors doucement ; lorsque le niveau est équilibré, les portes s'ouvrent pour la laisser sortir du sas et poursuivre son chemin.

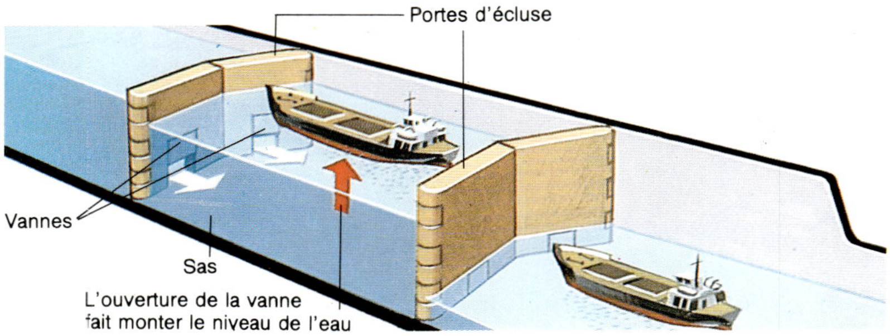

Observons le ciel

▼ Pourquoi les planètes tournent-elles autour du Soleil ?

Si les planètes ralentissaient, le Soleil les attirerait dans sa direction. Inversement, si elles tournaient plus vite, elles s'en iraient dans l'espace lointain.

Si toutes les planètes tournent dans le même sens, c'est parce qu'elles sont nées du même nuage de matière ; ce nuage, formé de gaz et de poussières, enveloppait le Soleil dans un grand disque juste après sa naissance et tournait autour de lui. A l'origine, le Soleil tournait sur lui-même en quelques heures seulement. C'est la présence de ce nuage qui l'a freiné : maintenant, il fait un tour en 25 jours.

A l'exception de Vénus et d'Uranus, les planètes tournent sur elles-mêmes dans le sens contraire des aiguilles d'une montre.

▼ Pourquoi existe-t-il de la vie sur Terre ?

Toutes les formes de vie, des bactéries aux êtres humains, meurent s'il fait trop chaud ou trop froid et s'il n'y a pas d'atmosphère respirable. La Terre est la seule planète du système solaire qui réunisse les conditions nécessaires au développement de la vie.

La vie que nous connaissons sur Terre se construit à partir de petits éléments : les cellules. Ces cellules renferment beaucoup d'atomes de carbone, mais aussi d'hydrogène, d'oxygène et d'azote. Ce sont les quatre « briques » de la vie ; elles sont à la base de toute matière vivante.

Bien que l'on trouve ces éléments de base sur d'autres planètes du système solaire, la Terre est la seule qui contienne beaucoup d'eau et d'oxygène, tous deux indispensables à la vie.

▼ Pourquoi ne voyons-nous pas d'autres systèmes solaires ?

La plus proche étoile est environ 270 000 fois plus éloignée que le Soleil. A cette distance, même une planète géante serait invisible dans le plus puissant télescope. Toutefois, certaines étoiles se déplacent en ondulant : ce mouvement trahit la présence de planètes autour d'elles.

La plupart des astronomes admettent que l'étoile « 61 Cygni », dans la constellation du Cygne, possède au moins une planète autour d'elle. Des mesures précises montrent que sa trajectoire dans le ciel est déformée par la présence d'un compagnon invisible ; ce dernier pourrait être dix fois plus gros que notre plus grosse planète, Jupiter.

Mercure Vénus Terre et Lune Mars Jupiter Saturne Uranus Neptune Pluton

◂ Pourquoi n'a-t-on plus de poids dans l'espace ?

Le poids, c'est la force avec laquelle vous êtes cloué au sol par l'attraction de l'astre sur lequel vous vous trouvez. Dans un satellite spatial qui tourne autour de la Terre, cette attraction est combattue par une autre force, de sens contraire. Elle est due à la rotation, identique à celle qui, en voiture, vous pousse vers l'extérieur du virage. Lorsque ces forces sont égales, elles s'annulent : les objets dans le satellite n'ont plus de poids.

Un spationaute flotte dans sa cabine parce qu'il se déplace à la même vitesse que celle-ci. Il n'y a aucune force venue de l'extérieur pour l'attirer vers une des parois ; il est en « apesanteur ».

Il ne retrouve une partie de son poids que si la cabine change de vitesse, alors que lui-même continue d'évoluer à la vitesse précédente.

▸ Quelle est la différence entre une planète et une lune ?

Une planète est un corps sombre qui tourne autour d'une étoile. On ne peut le voir que parce qu'il reflète la lumière de l'étoile. Une lune brille aussi par réflexion, mais elle tourne autour d'une planète et non du Soleil.

Sur les 9 planètes connues de notre système solaire, seules Mercure et Vénus n'ont pas de satellites. Les sondes spatiales ont permis d'en découvrir de nouveaux autour des planètes géantes Jupiter et Saturne. Saturne possède le plus gros satellite, Titan (5 120 km de diamètre).

Tous les satellites sont plus petits que la planète autour de laquelle ils tournent ; notre Lune est proportionnellement la plus grosse : son diamètre est le quart de celui de la Terre. Par contre, les deux satellites de Mars, Phobos et Deimos, sont minuscules : moins de 23 km de diamètre.

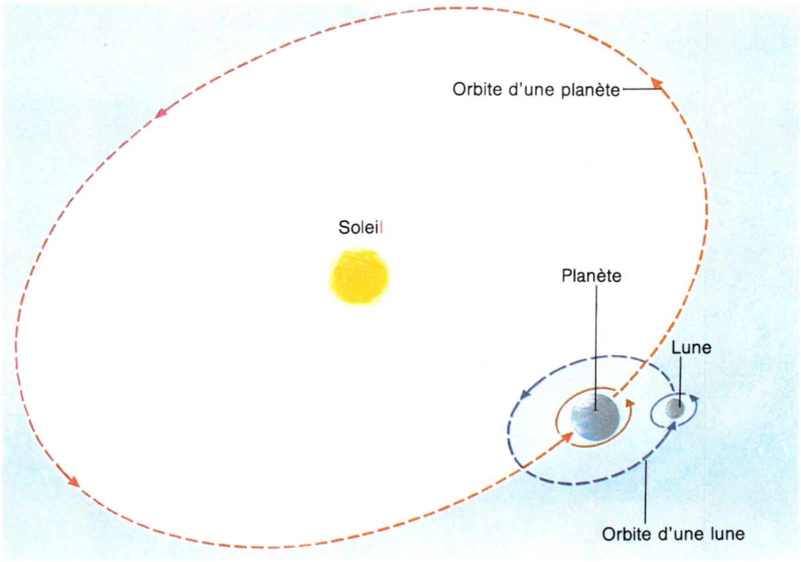

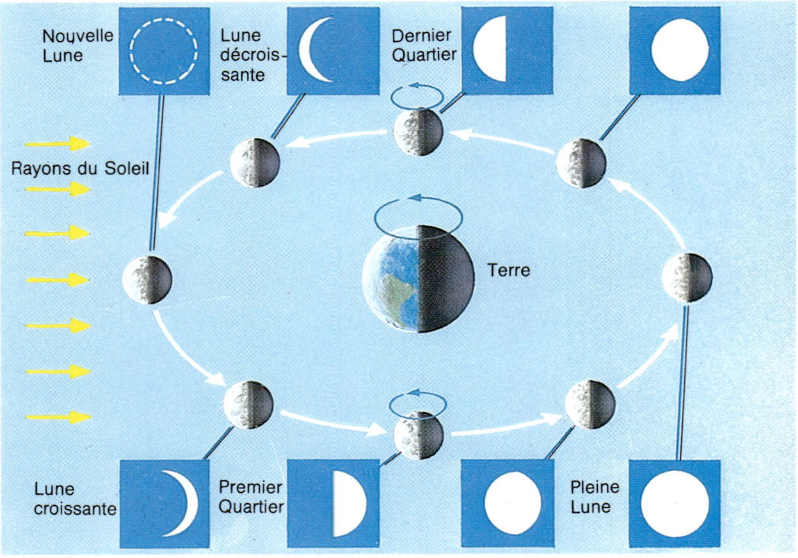

◂ Pourquoi la Lune a-t-elle des phases ?

Le Soleil ne peut évidemment éclairer qu'un seul côté de la Lune à la fois. Mais en même temps, la Lune tourne autour de nous. Au fur et à mesure qu'elle tourne, elle nous présente une partie plus ou moins grande de ce côté éclairé : ce sont les « phases » de la Lune.

C'est la Pleine Lune quand tout le côté éclairé est tourné vers nous ; quand l'astre nous présente sa face obscure, non éclairée, c'est la Nouvelle Lune.

Nous ne pouvons pas voir la Nouvelle Lune, car c'est le moment où notre satellite se trouve dans la direction du Soleil. Pendant les deux semaines qui suivent, la Lune est « croissante ». Elle passe alors par un Premier Quartier. Après la Pleine Lune, nous sommes en Lune décroissante ; elle passe par le Dernier Quartier. Puis c'est de nouveau la Nouvelle Lune. Le temps qui s'écoule entre deux Nouvelles Lunes, s'appelle la lunaison.

▴ Pourquoi la Lune nous présente-t-elle toujours la même face ?

Quand elle s'est formée, la Lune tournait très vite sur elle-même. Puis elle a ralenti pour ne plus faire qu'un tour en 27 jours (rotation) — temps qu'elle met pour tourner autour de la Terre (révolution). Elle nous présente donc toujours la même face.

A l'origine, la Lune était en partie en fusion. Les roches les plus denses se sont alors enfoncées vers le centre. Mais cela ne s'est pas fait parfaitement, si bien que l'astre n'est pas tout à fait homogène ; il existe, à l'intérieur, des sortes de grumeaux qui, en quelque sorte, le déséquilibrent. L'attraction terrestre, après plusieurs millions d'années, a fini par orienter vers nous les plus importants de ces grumeaux. Depuis lors, la Lune ne nous montre plus qu'un seul hémisphère ; l'autre est devenu la « face cachée ». Du même coup, la durée de sa rotation est devenue égale à sa durée de révolution.

▸ Pourquoi y a-t-il des éclipses de Lune ?

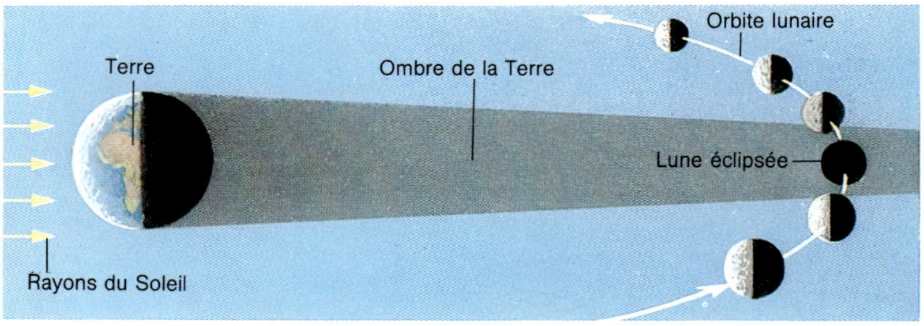

La Terre projette derrière elle un long cône d'ombre, dans la direction opposée au Soleil. Si la Lune se trouve à passer dans cette ombre, elle cesse d'être éclairée. C'est alors une éclipse de Lune.

Les éclipses de Lune se produisent toujours à la Pleine Lune. Mais chaque Pleine Lune ne donne pas une éclipse, parce que notre satellite tourne sur une orbite un peu penchée : elle passe donc le plus souvent au-dessus ou au-dessous du cône d'ombre. Il faut que Soleil, Terre et Lune soient parfaitement alignés pour qu'il y ait éclipse totale.

Si la Lune ne traverse qu'une partie de ce cône, c'est une éclipse partielle ; seule une partie du disque de l'astre est « mangée » par l'ombre de la Terre.

Depuis l'Europe, on ne verra pas de belle éclipse totale de Lune avant le 4 mai 1985.

▼ Pourquoi la Lune est-elle couverte de cratères ?

Lorsque les planètes et les satellites se sont formés, circulaient dans le système solaire de nombreux petits astres de quelques kilomètres de diamètre. Ce sont les traces du « bombardement » par ces corps que nous voyons aujourd'hui, sous forme de cratères.

Les grands cratères lunaires ont été creusés peu de temps après la formation de l'astre. Ils ont donc plusieurs milliards d'années d'âge. Ceux qui sont plus récents ont moins de 100 kilomètres de diamètre, mais il ne s'en forme plus que très peu. Si la surface de la Lune est pratiquement restée inchangée depuis si longtemps, c'est parce qu'il n'y a pas d'atmosphère. Il n'y a donc ni vent, ni pluies, et par conséquent pas d'érosion. Le relief reste tel qu'il était à l'origine.

La Terre a aussi été bombardée, mais son atmosphère l'a partiellement protégée ; en outre, l'érosion a effacé la trace des plus vieux cratères.

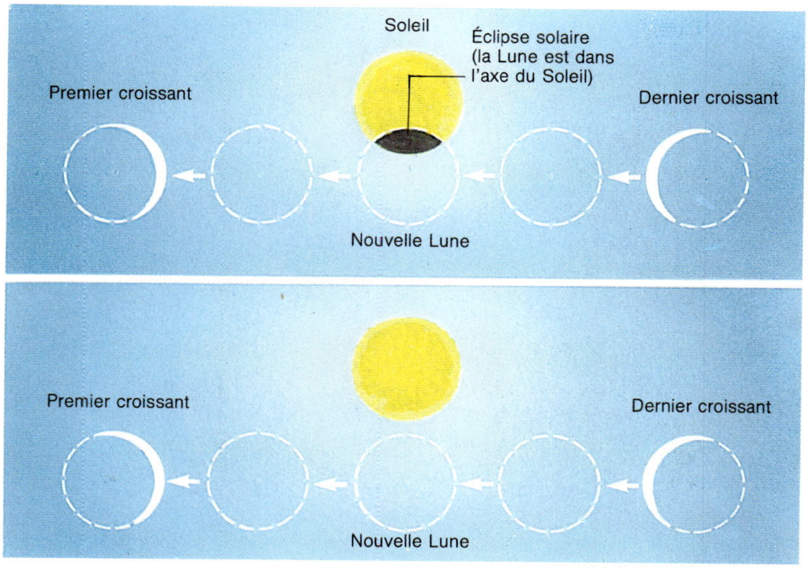

▲ Pourquoi la Nouvelle Lune est-elle invisible ?

La Nouvelle Lune se produit lorsque la Lune passe entre la Terre et le Soleil ; elle est donc alors éclairée à contre-jour. Autrement dit, elle nous présente sa face obscure.

C'est habituellement deux jours après la Nouvelle Lune que nous pouvons commencer à voir notre satellite dans le ciel. Il n'est alors qu'un très mince croissant.

En s'aidant de jumelles, certains observateurs ont pu repérer un croissant encore plus fin juste le lendemain de la Nouvelle Lune. C'est là un bon exercice d'observation.

Certains mois sont d'ailleurs plus propices que d'autres pour cet exercice ; dans l'hémisphère Nord, il est préférable d'essayer au printemps. De la même façon, on peut tenter de repérer le fin croissant visible juste avant la Nouvelle Lune. Cette fois il faut le rechercher à l'aube, juste avant le lever du Soleil.

◄ Pourquoi n'y a-t-il pas de vie sur la Lune ?

Les formes de vie qui nous sont familières ont besoin d'air et d'eau pour subsister. La Lune ne possède pas d'atmosphère, et pas davantage d'eau. Sa surface est exposée directement au vide de l'espace, sans la moindre protection. A midi la température peut atteindre + 150 °C. Or la vie ne résiste pas aux très fortes températures.

Des scientifiques ont effectué des expériences pour voir si la vie pouvait subsister dans les conditions lunaires. Ils ont reproduit exactement ces conditions : même les microbes les plus résistants sont morts.

Malgré cela, on a fait subir une « quarantaine », c'est-à-dire un isolement complet, aux premiers hommes qui sont allés sur la Lune. Si des microbes lunaires avaient existé, il ne fallait pas qu'ils contaminent la Terre entière. Cette précaution fut supprimée quand on s'aperçut que la Lune était un monde sans vie.

◂ Pourquoi Mars est-elle rouge ?

Si on laisse du fer exposé aux intempéries, il se transforme en rouille. Les roches à la surface de Mars contiennent beaucoup de fer. Le peu de vapeur d'eau qui existe dans l'atmosphère martienne forme donc de l'oxyde de fer, c'est-à-dire de la rouille. Cette rouille produit ensuite des grains de sable qui recouvrent l'ensemble de la planète.

On peut voir des roches « rouillées » sur Terre également, notamment dans le Grand Canyon de l'Arizona.

Sur Mars, le sable est si fin que le moindre vent le soulève facilement ; il y a ainsi en permanence de fines poussières en suspension, qui donnent à l'atmosphère martienne une teinte rose saumon. Sur Terre, le ciel est bleu parce que les molécules d'oxygène et d'ozone de l'air laissent passer surtout les rayons bleus.

Lors des grandes tempêtes qui sévissent parfois sur Mars, toute la surface peut se trouver masquée sous un épais nuage de poussière.

▴ Mars est-elle une planète morte ?

Les astronomes ne sont pas complètement sûrs que Mars soit dépourvue de vie. Toutefois, les deux sondes *Viking* qui se sont posées à sa surface en 1976 n'ont rien découvert de vivant. Ces sondes ont également mesuré une température très basse.

Tous les êtres vivants sont constitués de cellules. Ces cellules renferment des atomes de carbone. Or les analyseurs des sondes *Viking* n'ont trouvé sur Mars aucune cellule à base de carbone.

On peut évidemment penser que la vie martienne est faite différemment de la vie terrestre ; ou bien que les sondes ne se sont pas posées dans un endroit favorable. Mais les photos prises en altitude ont montré que les autres régions de Mars sont à peu près semblables. En définitive, Mars est peut-être un monde où la vie n'est pas encore apparue.

A moins que ce ne soit l'inverse : qu'elle ait déjà disparu...

▸ Quelle est la planète qui tourne le plus vite ?

Jupiter, qui est la plus grosse planète du système solaire, est aussi celle qui tourne le plus vite. Elle fait un tour sur elle-même en 9 h 50 mn. La suivante est Saturne, avec des « journées » de 10 h 16 mn.

Jupiter n'est pas une planète solide comme la Terre. C'est en réalité une énorme boule de gaz. Dans ces conditions, les zones équatoriales tournent plus vite que les zones polaires. La grande tache rouge, par exemple, met 5 mn de plus qu'une bande équatoriale pour faire le tour de la planète. Et le grand nuage ovale blanc, que l'on voit sur la photographie, tourne lui aussi à une vitesse différente.

Quand un objet tourne sur lui-même, il produit à sa surface une force centrifuge. Plus la vitesse est grande, plus cette force est importante. Comme l'équateur tourne plus vite que le pôle, la force centrifuge y est plus importante ; cela provoque un aplatissement de la planète, qui n'est plus une sphère parfaite.

► Pourquoi est-il si difficile de voir Mercure ?

La planète la plus proche du Soleil, Mercure, paraît danser d'un côté et de l'autre par rapport à celui-ci. Lorsqu'elle s'écarte au maximum on a une « élongation » ; on la dit occidentale quand la planète est à droite du Soleil et visible à l'aube ; elle est orientale le soir.

Même aux élongations, Mercure ne s'écarte jamais à plus de 26° de Soleil. Elle n'est donc jamais visible plus d'une heure avant le lever du jour, ou plus d'une heure après la tombée de la nuit. Même à ce moment-là, elle reste toujours basse sur l'horizon, donc difficile à repérer à l'œil nu.

Mercure met 116 jours pour retrouver la même place dans notre ciel ; c'est ce que l'on appelle sa révolution « synodique ». A deux mois d'intervalle elle est donc alternativement astre du soir et du matin. Nous pourrons voir Mercure passer devant le Soleil le 13 novembre 1986.

▼ Pourquoi Vénus est-elle si chaude ?

L'atmosphère de Vénus est environ 90 fois plus dense que la nôtre. Bien qu'elle soit toujours chargée de nuages opaques, cette atmosphère laisse passer une partie du rayonnement solaire. Celui-ci chauffe le sol, mais la chaleur, piégée par les nuages, ne peut repartir. La température monte alors jusqu'à + 480 °C !

Les spécialistes appellent ce phénomène « l'effet de serre ». Le gaz carbonique que renferme en abondance l'atmosphère de Vénus joue en effet le même rôle que le verre de la serre des jardiniers : il bloque la chaleur renvoyée par le sol chauffé par le Soleil.

Des métaux comme le plomb et l'étain fondraient à la surface de Vénus. Il faut savoir aussi que la température sur Terre serait à peu près aussi élevée s'il y avait davantage de gaz carbonique dans son atmosphère.

◂ Pourquoi Saturne a-t-elle des anneaux ?

Les anneaux de Saturne sont constitués de milliards et de milliards de blocs de glace ; ces blocs n'ont pas plus de quelques mètres de diamètre.

Le disque que forment les anneaux de Saturne mesure, d'un bord à l'autre, 270 000 kilomètres de diamètre. On pourrait donc aligner 22 planètes comme la Terre devant ces anneaux.

En revanche, ils sont très minces puisqu'ils n'ont pas plus de 100 mètres d'épaisseur.

Les morceaux de glace qui les composent forment une série de plusieurs centaines de couronnes concentriques. Vues de la Terre, elles donnent l'impression d'un disque continu.

▸ Pourquoi les planètes géantes sont-elles gazeuses ?

Le Soleil, et les planètes qui l'entourent, se sont formés à partir d'un énorme nuage de gaz (surtout de l'hydrogène) et de particules solides. Il y a de cela 4 600 millions d'années.

Près du Soleil il faisait trop chaud pour que les planètes conservent de grandes quantités de ce gaz léger. D'autant plus que ces planètes (les quatre premières) sont relativement petites, donc peu attractives.

Loin dans le système solaire, en revanche, des corps plus massifs ont pu se former parce que l'hydrogène, plus froid, était facile à retenir en grandes quantités.

La force d'attraction des planètes géantes est supérieure à celle de la Terre. Si Jupiter avait une surface solide, une personne transportée sur cette surface pèserait trois fois son poids ; ses jambes ne pourraient la supporter. La forte pesanteur des planètes géantes empêche les gaz légers de s'échapper dans l'espace.

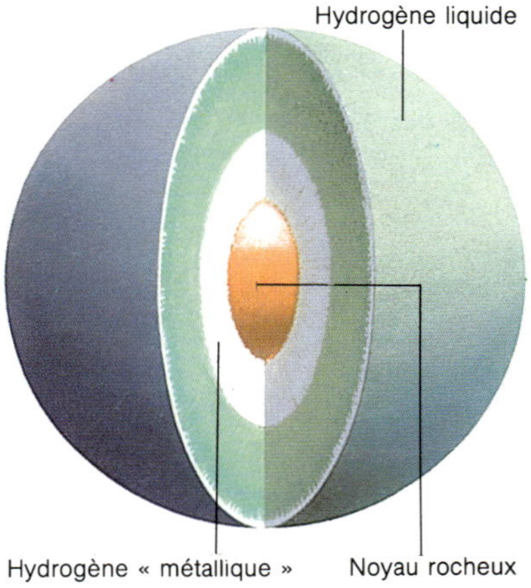

◂ Pourquoi y a-t-il des astéroïdes ?

Les astéroïdes sont des milliers et des milliers de très petites planètes qui tournent en formant une grande ceinture autour du Soleil. Le plus grand nombre s'étale entre les orbites de Mars et de Jupiter.

Tout au début de la formation du système solaire, un grand nuage de gaz et de poussières tournait autour du Soleil. En se rencontrant, les poussières ont grossi comme une boule de neige jusqu'à former des planètes.

Mais il est resté un certain nombre de petits corps de moins de 1 000 kilomètres de diamètre. Ils n'ont jamais pu s'agglomérer pour grossir davantage en raison de la présence, sur l'orbite suivante, de la planète géante Jupiter, qui perturbe sans cesse leur mouvement.

Le plus gros des astéroïdes est Cérès ; il mesure 1 000 kilomètres de diamètre. Mais la plupart des 3 600 corps que les astronomes ont actuellement recensés mesurent seulement quelques dizaines de kilomètres.

► Pourquoi la plupart des comètes apparaissent-elles de façon inattendue ?

La plupart des comètes font le tour du Soleil en quelques milliers d'années. Leurs orbites sont si allongées qu'elles s'éloignent souvent bien au-delà de Pluton. C'est seulement lorsqu'elles repassent près de la Terre et du Soleil qu'elles reprennent un éclat suffisant pour être vues dans le ciel. Elles semblent alors apparaître à l'improviste.

Il existe cependant quelques exceptions. Car certaines d'entre elles mettent seulement quelques années pour parcourir leur orbite ; c'est le cas de la comète de Encke, qui ne s'éloigne guère au-delà de Mars et revient tous les 3 ans. Il y a aussi la comète de Halley, qui va jusqu'à Neptune et revient tous les 76 ans ; son prochain passage aura lieu en 1986.

A chaque fois qu'une comète contourne le Soleil, elle perd un peu de matière. A la longue, elle devient donc de moins en moins brillante.

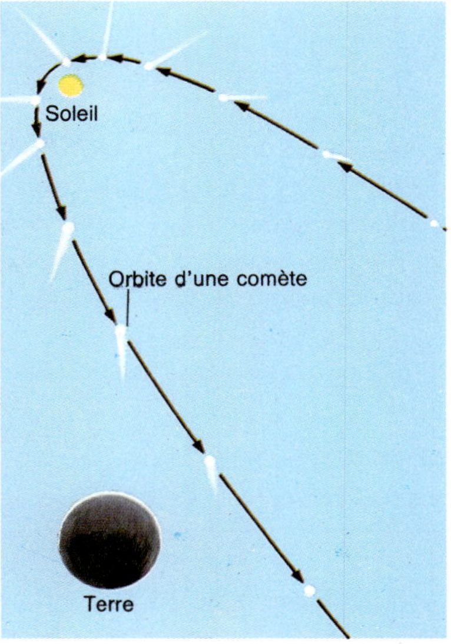

◄ Pourquoi les comètes ont-elles une queue ?

Une comète est un noyau de roches enrobé de glace et de poussières. Son diamètre dépasse rarement 5 kilomètres. Quand une comète passe près du Soleil, la chaleur fait fondre la partie extérieure, qui s'évapore. Le gaz et les poussières forment alors un nuage que le rayonnement solaire va souffler dans la direction opposée : c'est la queue de la comète.

Les comètes qui repassent trop souvent près du Soleil perdent beaucoup de matière. Leur queue contient de moins en moins de gaz et de plus en plus de poussières. Les comètes possèdent donc le plus souvent deux queues : l'une faite de gaz, l'autre de poussières.

Après quelques centaines de passages il ne reste plus que le noyau, invisible ; c'est en quelque sorte le squelette de la comète. En 1910 la Terre a traversé la queue de la comète de Halley. Mais rien de fâcheux n'est arrivé.

► Qu'est-ce qu'une étoile filante ?

Une étoile filante est un bref trait de feu dans le ciel.
En réalité il ne s'agit pas d'une étoile qui tombe du ciel, mais d'un petit caillou qui pénètre à grande vitesse dans l'atmosphère : environ 100 000 km/h ! Le frottement de l'air échauffe brusquement le caillou, qui brûle en laissant une traînée blanche.

Ces cailloux sont des météorites. Il s'agit la plupart du temps de débris d'anciennes comètes. Il peut s'agir aussi de fragments rocheux ou métalliques venant d'astéroïdes qui se sont émiettés à la suite de collisions. Les météorites tournent donc autour du Soleil. Mais de temps en temps leur orbite rencontre celle de la Terre. Ils sont alors brûlés.

Parfois la Terre rencontre des paquets de météorites, qu'on appelle des essaims. Le plus connu est celui des Perséides, que l'on croise chaque année dans la nuit du 11 au 12 août. On peut alors voir en moyenne une étoile filante par minute.

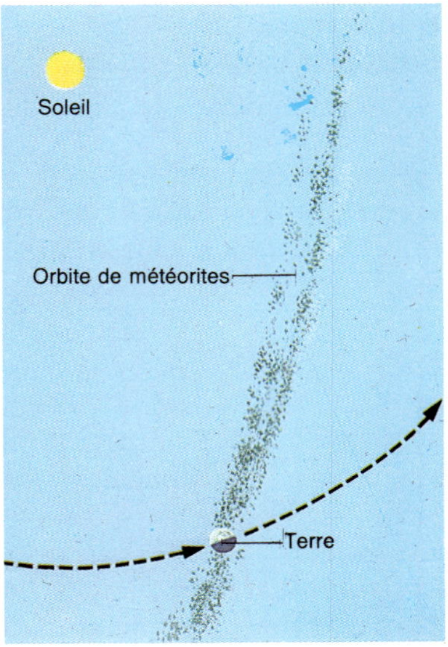

▸ Pourquoi ne faut-il pas regarder le Soleil en face ?

La surface du Soleil, portée à 6 000 °C, brille avec une grande intensité. La cornée de notre œil agit comme une lentille et concentre cette lumière vive sur la rétine ; celle-ci peut alors être endommagée pour la vie.

Observer le Soleil à travers des verres fumés est déconseillé, car si son éclat apparent est affaibli, les dangereux rayonnements, eux, subsistent. Si l'on veut observer le Soleil sans danger, il faut projeter son image sur un carton blanc placé derrière des jumelles ou une lunette astronomique. Mais, surtout, n'y mettez jamais votre œil.

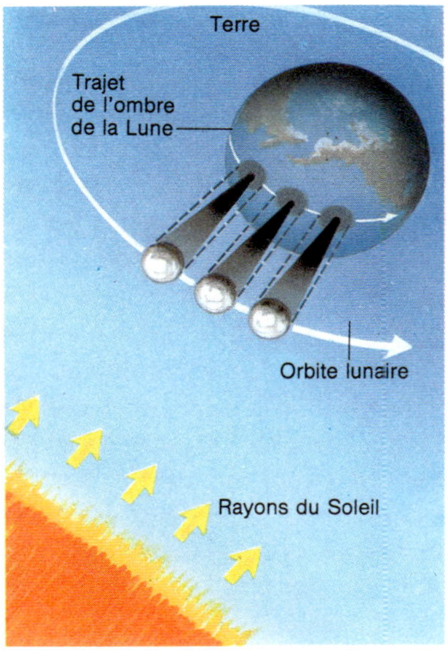

◂ Qu'est-ce qui provoque les éclipses de Soleil ?

Le Soleil a environ 400 fois le diamètre de la Lune, mais il est aussi 400 fois plus éloigné. Cette coïncidence remarquable fait que nous voyons les deux astres sous le même diamètre apparent. Quand la Lune vient à passer juste devant le Soleil, elle le masque donc complètement.

C'est alors que nous pouvons voir, débordant de ce masque, la couronne brillante qui entoure le Soleil ; en temps normal elle est invisible, sur le fond bleu du ciel.

Les éclipses de Soleil ne surviennent qu'à la Nouvelle Lune ; c'est le seul moment où notre satellite se place entre nous et l'astre du jour. Cet alignement doit toutefois être parfait ; sinon il se produit seulement une éclipse partielle.

L'ombre de la Lune, projetée sur la Terre au moment d'une éclipse totale de Soleil, ne mesure jamais plus de 300 kilomètres de large. Depuis un endroit donné, ces éclipses sont donc très rares : une tous les trois siècles en moyenne !

▸ Pourquoi le Soleil couchant est-il rouge ?

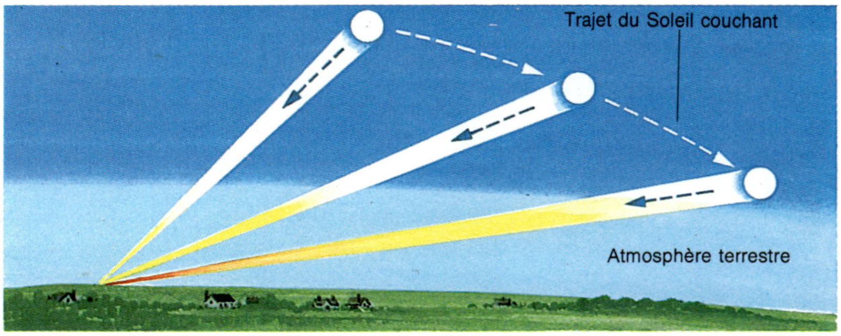

L'atmosphère terrestre agit comme un filtre rouge pâle. Plus le trajet des rayons lumineux dans l'air est long, plus ce rouge s'intensifie.

Dans la journée, quand le Soleil est haut dans le ciel, l'épaisseur d'atmosphère à traverser est assez réduite : la couleur blanc-jaune de l'astre ne se trouve pas modifiée. Le soir, par contre (mais aussi le matin), les rayons arrivent obliquement et traversent une épaisseur d'air plus grande.

Lorsque le Soleil est à l'horizon le trajet des rayons lumineux est 30 fois plus long que lorsqu'il est à la verticale dans le ciel. Le filtre agit alors fortement et le disque de l'astre apparaît rouge.

Cet effet a été mis à profit pour photographier Mars. Avec un filtre rouge on voit bien le sol, alors qu'un filtre bleu fait surtout ressortir les nuages.

► Qu'est-ce qui fait briller le Soleil ?

Le plus petit objet vu au microscope contient encore plusieurs millions d'atomes. Chaque atome renferme lui-même des particules encore plus petites. A l'intérieur du Soleil, ces atomes sont tellement comprimés qu'ils fusionnent en dégageant chaleur et lumière.

Le Soleil est constitué pour 90 pour 100 d'atomes d'hydrogène ; il renferme également 9 pour 100 d'atomes d'hélium et seulement 1 pour 100 d'autres atomes (oxygène, sodium, fer, etc.).

Au centre, où la température atteint 20 millions de degrés, les atomes se brisent. Puis ils se réassemblent d'une autre façon pour former un nouvel élément : un gaz, l'hélium. Il faut ainsi quatre atomes d'hydrogène pour obtenir un atome d'hélium. Au cours de cette réaction nucléaire de l'énergie est libérée : c'est elle qui rend le Soleil lumineux.

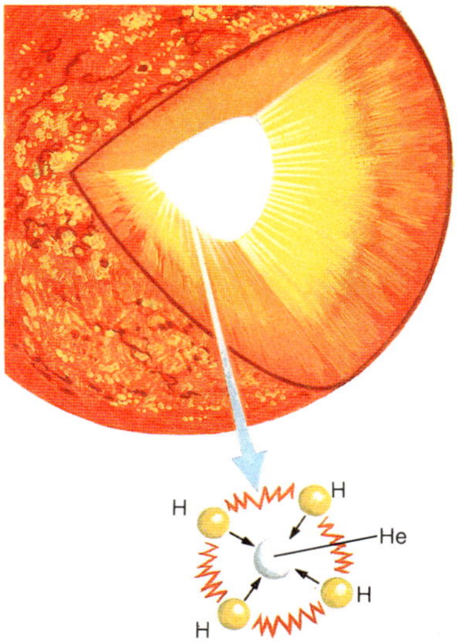

◄ Pourquoi y a-t-il des taches noires sur le Soleil ?

Les taches solaires sont des régions où le champ magnétique est extraordinairement intense. Ce champ magnétique provoque un refroidissement de la surface solaire. Par un effet de contraste ces régions plus froides apparaissent plus sombres.

Les taches solaires apparaissent le plus souvent par paires. Elles s'associent même parfois en groupes plus importants, de plusieurs dizaines de taches. Ces taches restent visibles quelques jours ou quelques semaines. Puis elles se déforment et disparaissent, avant d'être remplacées par d'autres. La partie centrale, la plus sombre et la plus froide, est appelée « ombre » ; la partie qui l'entoure, grisâtre, est la pénombre.

Les taches solaires sont plus ou moins nombreuses, suivant un cycle d'environ 11 ans. Le dernier maximum a été atteint en 1980. Certaines taches sont si grandes que l'on pourrait aligner dix Terres devant elles.

► Quelle est la taille du Soleil ?

Le Soleil mesure 1 392 530 kilomètres de diamètre. C'est si grand que devant son disque on pourrait aligner 109 fois la Terre. Et s'il était creux, il pourrait contenir environ un million de Terres ! Si le Soleil était un ballon de football, la Terre serait une tête d'épingle.

Bien qu'il soit énorme par rapport aux planètes, le Soleil est plutôt petit par rapport à d'autres étoiles. Par exemple, la belle étoile rouge Bételgeuse, dans la constellation d'Orion, est 300 fois plus large. Ramenée dans le système solaire elle engloutirait toutes les planètes jusqu'à Mars.

Les astronomes savent toutefois que le Soleil se mettra à grossir vers la fin de sa vie pour devenir une « géante rouge ». A ce moment-là son atmosphère atteindra la Terre où il règnera une température de 1 000 °C !

◄ Pourquoi ne voit-on pas les étoiles en plein jour ?

Il y a toujours des étoiles dans le ciel, jour et nuit. Mais dans la journée le ciel bleu est si lumineux qu'il masque leur éclat. Dans l'espace, et sur la Lune, où il n'y a pas d'air, les étoiles sont perpétuellement visibles à côté du Soleil, car le ciel y est noir même en plein jour.

Avec un puissant télescope, on peut cependant voir les plus lumineuses des étoiles dans la journée. Des astres très brillants, comme la planète Vénus à certaines périodes, peuvent même être vus dans le ciel à l'œil nu alors que le Soleil n'est pas encore couché. Mais il faut aussi que le ciel soit très pur, et que l'observateur sache exactement dans quelle direction regarder.

Quand Vénus, ainsi que Jupiter et Mars, planètes assez brillantes, sont visibles à l'aube, il est intéressant de chercher à les voir le plus longtemps possible tandis que le jour se lève. Des jumelles permettent de prolonger cette observation.

► Pourquoi les étoiles scintillent-elles ?

Dans l'espace, les étoiles ne scintillent pas. Mais quand leur lumière traverse l'atmosphère terrestre elle est en quelque sorte « cisaillée » par les mouvements des couches d'air froid et chaud en altitude. C'est le même phénomène qui fait trembler l'image des arbres lointains au-dessus d'une route surchauffée.

Les astronomes appellent ce phénomène la « turbulence ». Au lieu de voir un simple point, dans un télescope, on voit en réalité une sorte d'étincelle qui se déforme sans cesse.

De la même façon, la turbulence brouille l'image des fins détails que l'on pourrait observer sur la Lune et les planètes. Au-delà d'un certain diamètre les télescopes ne permettent donc plus de progrès en finesse : ils sont utilisés pour recueillir la faible lueur des lointaines galaxies.

◄ Pourquoi y a-t-il des étoiles plus brillantes que d'autres ?

Il y a deux raisons à cela. La première est que certaines étoiles brillent plus que d'autres, tout comme il y a des ampoules électriques plus ou moins puissantes. La seconde raison est que les étoiles ne sont pas toutes à la même distance de nous. Les plus proches paraissent donc plus lumineuses que celles qui sont très éloignées.

L'éclat d'une étoile, pour les astronomes, s'appelle la « magnitude ». Il faut distinguer la magnitude apparente (c'est l'éclat de l'étoile telle que nous la voyons dans le ciel) et la magnitude absolue (l'éclat qu'auraient les étoiles si elles étaient toutes placées à la même distance de 33 années-lumière).

Les étoiles les plus brillantes sont de magnitude apparente 0 ; les plus faibles visibles à l'œil nu sont de magnitude 6.

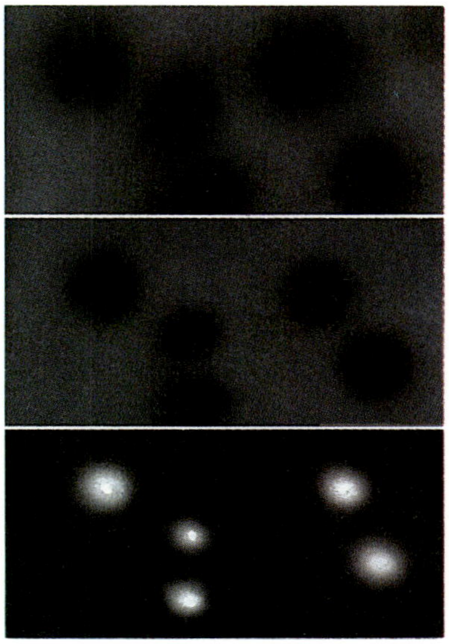

◄ Comment les étoiles se sont-elles formées ?

Les étoiles commencent leur vie sous forme de nuages d'hydrogène, comme illustré ci-contre. En se contractant sous l'effet de gravité, ce nuage s'échauffe au centre, et les atomes commencent à fusionner en libérant de l'énergie. Alors l'étoile s'allume (dessin en bas).

Le nuage d'hydrogène qui donna naissance au Soleil était plus grand que le système solaire tout entier ! Parfois, plusieurs nuages se trouvent placés tout près les uns des autres : ils donnent alors naissance à un amas d'étoiles.

Le plus beau de tous est sans doute celui des Pléïades. C'est un amas jeune, qui n'a peut-être pas plus de 20 millions d'années. Pour comparaison, sachons que notre Soleil, lui, est né il y a presque 5 milliards d'années.

Des étoiles continuent de naître dans notre Galaxie. On distingue en effet un peu partout à travers le ciel des nébuleuses, qui sont en quelque sorte des pépinières d'étoiles.

► Comment meurent les étoiles ?

Une étoile brille parce qu'elle transforme son hydrogène en hélium. Cette transformation produit de l'énergie, c'est-à-dire de la lumière et de la chaleur. Quand elle a épuisé toute sa réserve d'hydrogène, l'étoile commence donc à mourir.

Toutes les étoiles n'ont pas la même durée de vie. Les plus petites, moins lumineuses que le Soleil, consomment leur hydrogène si lentement qu'elles peuvent vivre très longtemps (plus de 10 milliards d'années) ; elles existent depuis l'origine de la Galaxie.

Au contraire, les étoiles très chaudes et très brillantes consomment rapidement leur hydrogène et ne vivent que quelques millions d'années. Elles terminent leur vie en explosant : ce sont les supernovae. La nébuleuse du Crabe (ci-dessus) est formée des débris d'une supernova.

► Pourquoi la Voie lactée n'a-t-elle pas une forme régulière ?

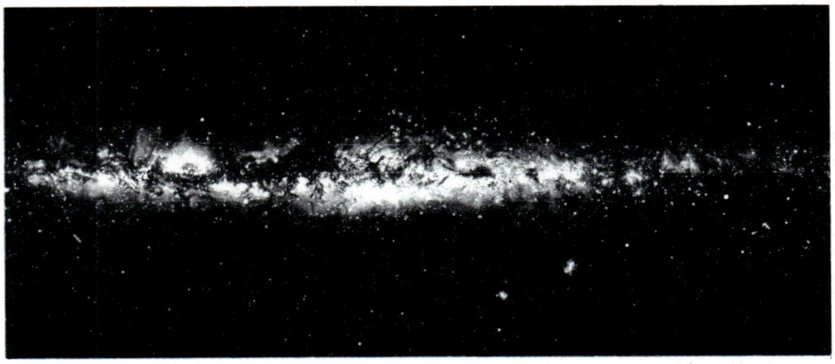

La Voie lactée constitue la partie centrale de notre Galaxie. D'où nous la voyons, elle paraît extrêmement touffue, car un grand nombre d'étoiles sont situées sur un même plan par rapport à notre œil. Toutefois, en certains endroits, elles sont plus rapprochées qu'en d'autres, et il y a parfois des nuages de gaz et de poussières (nébuleuses) qui en masquent certaines parties.

Notre Soleil se trouve assez loin du centre de la Galaxie, à 30 000 années-lumière, soit 300 millions de milliards de kilomètres ! Ce centre est placé dans la constellation du Sagittaire. Dans la direction opposée on voit moins d'étoiles. C'est dans le Cygne que la Voie lactée est la plus irrégulière, car il y a là de nombreuses nébuleuses obscures parmi un fourmillement d'étoiles.

Notre planète : la Terre

◄ **Pourquoi la Terre apparaît-elle bleue depuis l'espace ?**

Parce que notre planète est en grande partie recouverte par des océans. L'atmosphère joue aussi un grand rôle en enveloppant la Terre d'une sorte de brume bleutée.

Les océans recouvrent presque les 3/4 de la surface terrestre. La Terre est éclairée par la lumière du Soleil ; celle-ci est un mélange des différentes couleurs. Il se trouve que l'eau et les poussières contenues dans l'air absorbent les rayons rouges (de grande longueur d'onde) et réfléchissent bien les bleus (de courte longueur d'onde). L'ensemble du globe terrestre paraît donc bleu.

► **Pourquoi l'aiguille d'une boussole indique-t-elle le nord ?**

La Terre agit comme un énorme aimant, dont les extrémités correspondraient aux pôles Nord et Sud. Comme l'aiguille d'une boussole est magnétisée, elle est attirée par l'aimantation de la Terre et indique le pôle Nord.

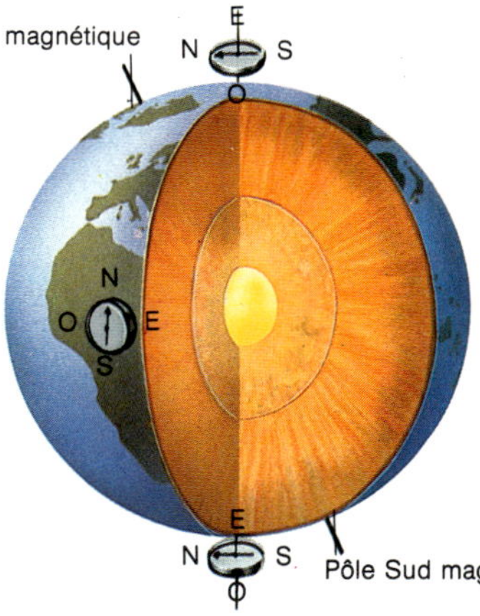

L'intérieur de la Terre est comme une dynamo (de vélo) géante. En tournant, elle donne naissance à un puissant champ magnétique, qui perce aux pôles.

En réalité, les pôles géographiques et magnétiques ne coïncident pas tout à fait. Les pôles magnétiques, en outre, ne sont pas fixes, mais se déplacent lentement ; ils décrivent une sorte de spirale autour du pôle géographique. Le pôle magnétique Nord se trouve près de la Terre de Baffin, au nord du Canada.

Il arrive aussi que le Nord et le Sud magnétique changent de sens ; l'aiguille de la boussole indique alors le Sud. C'est arrivé pour la dernière fois il y a 700 000 ans.

► Pourquoi le Soleil se lève-t-il à l'est ?

La Terre tourne sur elle-même (rotation) d'ouest en est. Lorsque nous entrons dans la zone de lumière correspondant au côté éclairé par le soleil, nous voyons celui-ci sur l'horizon est. C'est en effet vers l'est que nous nous dirigeons, emportés par la rotation de notre planète.

On peut reconstituer ce qui se passe, à l'aide d'un globe et d'une lampe-torche.

L'éclairage sur le globe correspond à la lumière du Soleil, comme sur le dessin. Si l'on colle sur ce globe un petit personnage en matière plastique, on s'aperçoit qu'il est tour à tour dans le jour et la nuit au fur et à mesure que la Terre tourne. L'on voit également très bien que lorsqu'il entre dans la zone éclairée, la source de lumière se trouve en direction de l'est. Lorsqu'il entre dans l'ombre, au contraire, la source est à l'ouest : c'est la direction du Soleil couchant.

▲ Pourquoi y a-t-il des jours et des nuits ?

A tout moment il y a une moitié de la Terre éclairée par le Soleil, et l'autre dans l'ombre. La Terre fait un tour sur elle-même en 24 heures. L'endroit où l'on habite passe donc tour à tour dans l'ombre et la lumière : ce sont les nuits et les jours.

L'axe de rotation de la Terre est une ligne imaginaire qui rejoint le pôle Nord et le pôle Sud. Le schéma ci-dessus montre la Terre en décembre. Le pôle Sud est incliné vers le Soleil (représenté ici par une torche). C'est alors l'été dans l'hémisphère Sud, parce que le Soleil est haut dans le ciel, pour les habitants de cet hémisphère. A ce moment-là, on voit que le Soleil ne se couche jamais sur l'Antarctique, toujours éclairé.

Au pôle Nord, c'est l'inverse : il fait nuit tout le temps. Puis en juin, quand c'est au tour du pôle Nord d'être incliné vers le Soleil, qui est haut dans le ciel pour les habitants de l'hémisphère nord, le jour dure 24 heures au pôle Nord !

► Pourquoi existe-t-il des saisons ?

En une année, la Terre fait le tour du Soleil. Le dessin montre la Terre à quatre époques différentes de l'année. Remarquez que l'axe reste toujours incliné.

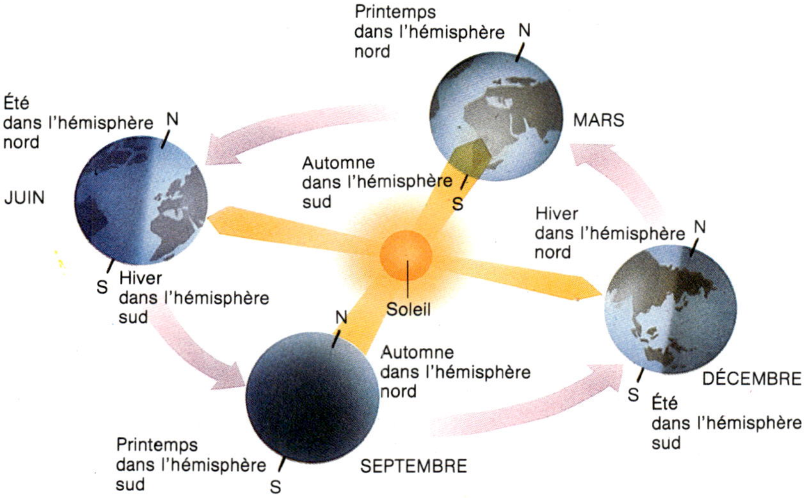

En juin, quand l'hémisphère Nord est penché dans la direction du Soleil, c'est l'été en Europe, en Asie et en Amérique du Nord. Le Soleil est alors à la verticale du tropique du Cancer. C'est l'hiver dans l'hémisphère Sud.

Six mois plus tard, en décembre, c'est au tour du pôle Sud d'être dirigé vers le Soleil. En Australie, par exemple, c'est l'été au moment de Noël. Le Soleil est alors à la verticale du tropique du Capricorne. En mars et septembre, il est juste au-dessus de l'équateur. Cela correspond au début du printemps et de l'automne pour l'hémisphère Nord.

◄ Pourquoi les fossiles sont-ils importants pour les géologues ?

Après leur mort, beaucoup de plantes et d'animaux laissent des restes qui sont enfouis et conservés dans le sol : ce sont des fossiles. Les fossiles d'une même espèce permettent aux géologues de connaître l'âge des différentes couches de terrains. L'examen des fossiles permet aussi de savoir quelles étaient les conditions de vie sur Terre à leur époque.

Des fossiles identiques, retrouvés sur deux continents différents, donnent par ailleurs de précieuses indications sur la dérive des continents. On a ainsi découvert que la pointe du Brésil abritait autrefois les mêmes animaux et les mêmes plantes que les côtes du golfe de Guinée. C'est la preuve que l'Amérique du Sud s'emboîtait jadis dans l'Afrique, et que les continents se déplacent les uns par rapport aux autres.

▲ Pourquoi n'y a-t-il plus de grands dinosaures ?

Les dinosaures ont disparu il y a 65 millions d'années, à la fin du Crétacé. Ils existaient alors depuis 130 millions d'années.

De nombreuses autres espèces d'animaux se sont éteintes à la même époque à la surface de la Terre. Un certain nombre de reptiles ont cependant survécu et existent toujours à l'heure actuelle : crocodiles, lézards, serpents, tortues.

On a proposé plusieurs théories pour expliquer la disparition des dinosaures. Les spécialistes pensent à un changement de climat et de végétation, à une épidémie mondiale, à la chute d'une gigantesque météorite qui aurait beaucoup modifié les conditions de vie, ou encore à l'apparition de mammifères mangeant les œufs des dinosaures. En fait, cela demeure un mystère.

► Y a-t-il toujours des fossiles dans les roches ?

Il existe des roches trop âgées pour contenir des fossiles, parce que la vie n'existait pas encore sur Terre à l'époque de leur formation. D'autres roches ne renferment pas de fossiles parce qu'elles étaient trop chaudes quand elles se sont formées.

Il existe trois grands groupes de roches : ignées, sédimentaires et métamorphiques. Les roches ignées (basalte, granite) ont d'abord été très chaudes puis se sont refroidies ; aucune forme de vie ne pouvait donc y exister.

Les roches sédimentaires (grès, calcaire) sont faites de matériaux qui se sont déposés dans l'eau ou sur terre. Elles contiennent de nombreux fossiles.

Les roches métamorphiques (comme le marbre) ont subi une transformation sous l'effet d'une forte chaleur ou d'une forte pression. Les fossiles qui pouvaient s'y trouver ont été détruits.

Grès (roche sédimentaire) avec fossile

Granite (roche ignée)

▸ Pourquoi trouve-t-on des veines de charbon dans l'Antarctique ?

Le charbon est fait de plantes fossilisées, c'est-à-dire transformées en pierres. On ne trouve pratiquement plus de plantes dans l'Antarctique, au pôle Sud ; mais il devait y en avoir beaucoup autrefois puisque du charbon a pu se former.

Le charbon de l'Antarctique s'est formé au Permien, il y a 250 millions d'années. La théorie de la dérive des continents permet de comprendre pourquoi le climat de l'Antarctique à cette époque était plus chaud qu'aujourd,hui.

La carte ci-dessous montre l'emplacement des continents autrefois. Au Permien, l'Antarctique faisait sans doute partie d'un très grand continent : la Pangée. Quand ce supercontinent s'est brisé, l'Antarctique était associée à l'Afrique, l'Australie, l'Amérique du Sud et l'Inde pour former le Gondwana. C'est seulement après qu'elle s'est détachée pour prendre sa place, au pôle Sud.

▸ Pourquoi les continents se déplacent-ils ?

La croûte terrestre n'est pas très épaisse. Elle s'est brisée en plusieurs grandes plaques. Celles-ci se déplacent à cause des courants très lents, qui circulent sous cette croûte, dans le « manteau ».

Le scientifique allemand Alfred Wegener fut le premier, en 1915, à proposer l'hypothèse des continents en mouvement. Il avait remarqué qu'ils peuvent presque tous s'emboîter les uns dans les autres comme les pièces d'un puzzle.

Ces cartes montrent les mouvements supposés des continents dans le passé. A partir de l'étude des séismes (tremblements de terre) et l'analyse des fonds marins, les géophysiciens ont pu montrer que les continents et les océans sont placés sur de grandes plaques de la croûte terrestre, qu'on appelle plaques tectoniques. Ces plaques bougent, car elles sont sur un « manteau », formé de roches pâteuses comme du goudron ; manteau lui-même en mouvement.

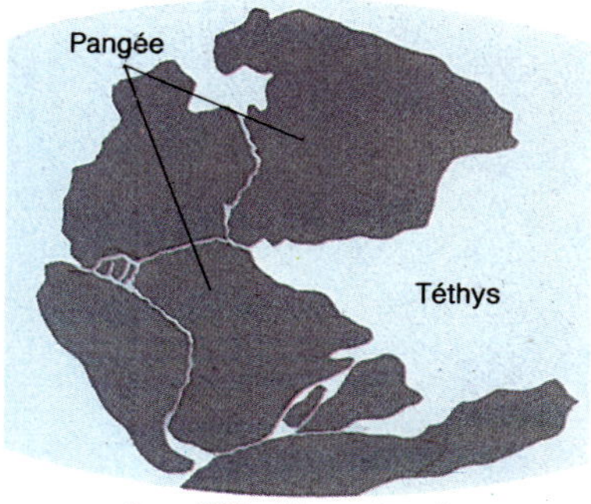

Il y a 200 millions d'années

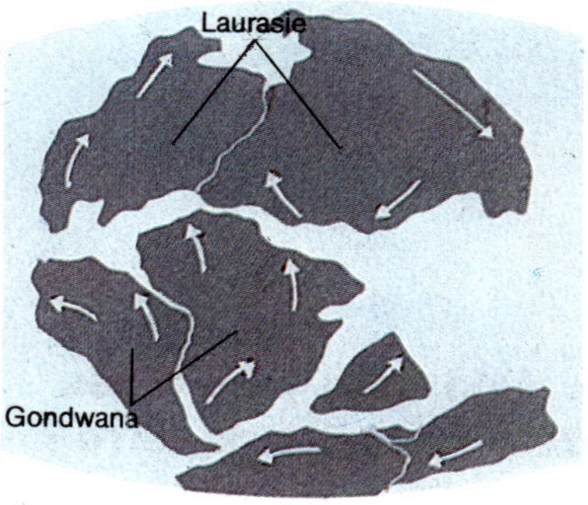

Il y a 180 millions d'années

Il y a 65 millions d'années

◂ Pourquoi certaines mers ont-elles disparu ?

Les petites mers peuvent être remplies par les sédiments apportés par les fleuves. Les grandes mers reçoivent aussi des sédiments, mais elles les étalent plus facilement.

La mer Caspienne, par exemple, se comble rapidement. Les anciennes cartes montrent qu'elle était beaucoup plus vaste il y a quelques siècles. La Méditerranée et la mer Noire se remplissent également, mais moins vite. Par contre, leur fond peut se trouver surélevé par suite des mouvements de la croûte terrestre. La plupart des roches sédimentaires que l'on trouve aujourd'hui sur les continents correspondent au fond d'anciennes mers, aujourd'hui disparues.

Ces cartes montrent l'aspect que devaient avoir les continents.

Notez à quel point le déplacement des continents modifie la forme des mers et des océans. Le premier océan, Téthys, qui se trouvait entre la Laurasie et le Gondwana, a beaucoup changé. En ce moment, la mer Rouge s'élargit et sera dans le futur un grand océan.

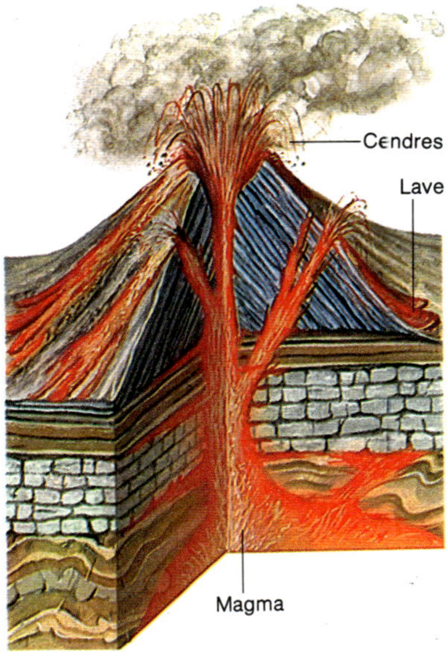

◄ Pourquoi des volcans entrent-ils en éruption ?

La lave qui s'écoule des volcans est une roche fondue qui monte du manteau, par des fissures de la croûte terrestre. C'est le magma.

La partie supérieure du manteau de la Terre, située juste sous l'écorce, se trouve dans un état pâteux. Une légère augmentation de température, ou une baisse de pression, rend ce magma liquide. Parce qu'il est plus léger que les roches qui l'entourent, il monte alors vers la surface.

Ce magma renferme de nombreux gaz. Des bulles de ces gaz s'enflamment parfois en arrivant à l'air libre. Le magma en fusion jaillissant en surface, avec ces gaz enflammés, s'appelle une éruption volcanique.

La lave peut être plus ou moins liquide et contenir plus ou moins de gaz : c'est pourquoi il y a différentes éruptions. Le magma peut monter directement du manteau vers la surface, ou être stocké dans une chambre magmatique, sorte de caverne creusée dans l'écorce terrestre.

► Pourquoi les volcans et les tremblements de terre sont-ils localisés ?

Cette carte montre les endroits où sont survenus des tremblements de terre et des éruptions volcaniques. On remarque que ces deux phénomènes se produisent dans les mêmes régions, à proximité des grandes chaînes de montagnes.

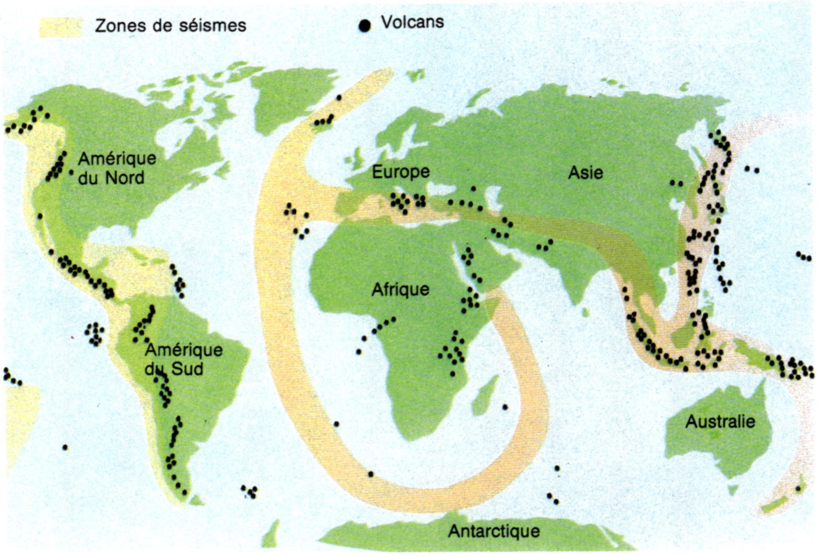

Les zones d'activité volcanique et sismique intense se situent toujours sur le bord des grandes plaques des continents. Celles-ci se déplacent lentement les unes par rapport aux autres. Là où il y a des frottements se produisent des tremblements de terre ; là où se créent des failles, le magma jaillit pour former des volcans.

Un exemple intéressant est celui de la Méditerranée, qui se referme parce que la plaque africaine vient heurter la plaque européenne ; sous la pression, une chaîne de montagne s'élève : celle des Pyrénées, que prolonge celle des Alpes. De part et d'autre de la Méditerranée le frottement des deux plaques provoque de nombreux séismes.

▲ Pourquoi y a-t-il des tremblements de terre ?

Les tremblements de terre (on dit aussi séismes) se produisent dans des failles (fractures) de la croûte terrestre. Des roches se trouvent brusquement déplacées et provoquent une secousse qui se propage dans toutes les directions.

La plupart des failles de l'écorce terrestre se déplacent très lentement. Si en cet endroit se produit une résistance, de l'énergie s'accumule pendant des années ou même des siècles. Arrive alors un moment où les roches voisines cèdent sous la pression : c'est le tremblement de terre.

L'endroit d'où part la secousse est le foyer du séisme ; il peut se situer juste sous la surface, ou au contraire à plusieurs kilomètres de profondeur. Le point situé au-dessus du foyer, à la surface de la Terre, est l'épicentre : c'est là que les ondes arrivent en premier, avec la plus grande force. Les géophysiciens ne peuvent pas encore prévoir les tremblements de terre avec certitude.

► Pourquoi un geyser crache-t-il de l'eau chaude et de la vapeur ?

Les geysers se trouvent dans les régions volcaniques, mais toutes les régions volcaniques ne possèdent pas des geysers. Ce phénomène se produit seulement quand de l'eau chaude sous pression dans le sous-sol peut trouver un chemin vers la surface.

Un geyser fonctionne un peu à la manière d'une « cocotte-minute ». Plus la pression est élevée, et plus l'eau doit être chaude pour bouillir. L'eau emprisonnée dans le sous-sol d'une zone volcanique est surchauffée avant d'atteindre le point d'ébullition. Lorsqu'elle bout, des bulles de vapeur poussent de l'eau vers la surface.

Une fois arrivée à l'air libre, cette eau très chaude se met à bouillir, car la pression y est moins forte qu'en profondeur.

L'on voit alors un jet de vapeur jaillir très haut dans le ciel. Lorsque le volume d'eau de départ est épuisé le geyser s'arrête. Mais un nouveau jaillissement se produit quelques heures plus tard.

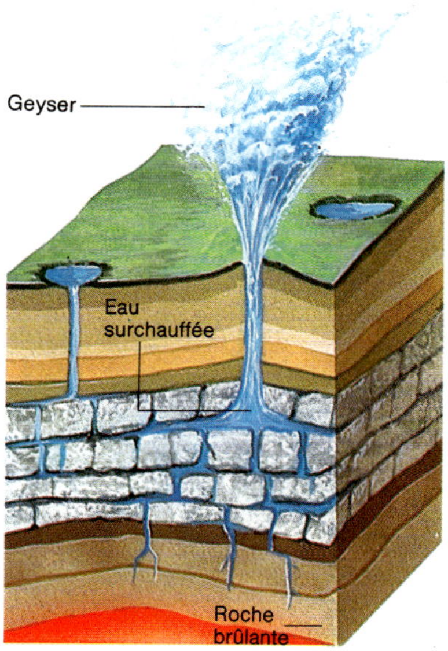

◄ Pourquoi existe-t-il de grandes chaînes de montagnes ?

Les plus hautes montagnes du monde se trouvent dans de longues chaînes comme l'Himalaya, la cordillère des Andes ou les Alpes. Il y a aussi des chaînes sous-marines, comme la chaîne médio-Atlantique. Les chaînes continentales se situent en bordure des grandes plaques continentales.

Le dessin montre comment les Andes se sont formées : une partie du fond de l'océan Pacifique passe sous l'Amérique du Sud et la soulève. Il en résulte des volcans et des tremblements de Terre. Le même phénomène crée la chaîne des montagnes Rocheuses, en Amérique du Nord.

En d'autres endroits du monde, des montagnes se sont formées à la suite de collisions entre deux plaques continentales : l'Inde, qui est venue buter contre l'Asie, a formé l'Himalaya.

► Pourquoi fait-il plus froid quand on escalade une montagne ?

Quand on grimpe vers un haut sommet, l'air devient plus rare et de plus en plus froid. Pourtant, on se rapproche du Soleil ! En fait, le Soleil chauffe la Terre, et c'est la Terre qui chauffe l'air.

Les rayons du Soleil frappent la Terre, et leur chaleur est absorbée par l'air. Or, plus on s'élève, plus l'air devient rare, donc moins il peut absorber de la chaleur. La température baisse ainsi de 1 °C tous les 150 mètres environ. A 3 000 mètres il fait déjà 20 °C de moins qu'au sol. Cette baisse de la température a un effet sur la végétation, qui en montagne est différente de celle que l'on trouve en plaine.

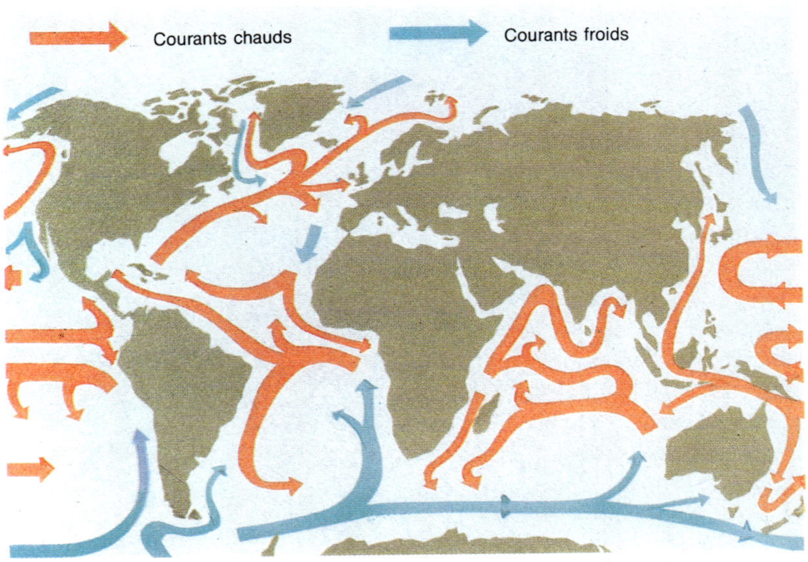

◂ Pourquoi trouve-t-on des courants dans l'océan ?

La principale raison, c'est qu'il existe des vents qui soufflent souvent dans la même direction, à la surface des océans. Mais ces vents se prolongent ensuite sur les continents. Le courant d'eau, lorsqu'il parvient sur une côte, longe alors celle-ci, et repart parfois en sens inverse.

Les courants océaniques sont importants, parce qu'ils déplacent les masses d'eau des régions froides vers les régions chaudes et inversement. Les courants qui partent de l'équateur sont évidemment des courants chauds ; ceux qui descendent vers l'équateur sont des courants froids.

Un courant froid, comme celui du Labrador, peut charrier des icebergs vers des latitudes relativement basses et gêner le trafic des navires. Un courant chaud comme celui du Gulf Stream, protège au contraire du gel les ports norvégiens. Là où ces deux courants se rencontrent, le plancton est abondant, et la pêche florissante.

▴ Pourquoi l'eau de mer est-elle salée ?

L'eau de mer renferme de nombreux minéraux. Ils ont été arrachés aux roches par les fleuves et les glaciers. Si l'on fait s'évaporer de l'eau de mer, ces minéraux restent. Ce sont des sels.

Le sel appelé chlorure de sodium représente 85 pour 100 de tous les minéraux présents dans l'eau de mer. La salinité (teneur en sel) des océans ne varie presque pas à grande profondeur, mais assez fortement près de la surface. La mer Baltique est une des moins salées. La mer Rouge, par contre, reçoit peu d'eau douce par les rivières et subit une forte évaporation : elle est donc très salée. Et les mers intérieures le sont plus encore : la mer Morte détient le record de salinité.

Ce sel est parfois récupéré dans des marais salants. Ce sont des sortes de mares d'eau de mer, de faible profondeur, où l'eau peut s'évaporer. Il suffit alors de recueillir la croûte blanche qui reste : c'est du sel.

▸ Pourquoi les marées font-elles monter et descendre la mer ?

L'eau des océans est maintenue contre la Terre par la force de gravitation. Mais la Lune et le Soleil exercent aussi une attraction sur la Terre. La Lune, surtout, attire la masse d'eau des océans qui se trouve en face d'elle.

Il y a, chaque jour, deux marées hautes et deux marées basses. Elles se produisent, chaque jour, environ une heure plus tard que la veille. Cela, parce qu'en une journée la Lune a effectué une partie de tour autour de la Terre ; il lui faut donc poursuivre sa rotation pendant une heure pour que la Lune se retrouve au-dessus du même point.

L'amplitude des marées (différence de hauteur entre haute et basse mer) est très variable. Pour les océans elle est d'environ 1 mètre. Pour une petite mer fermée l'amplitude est bien plus faible : moins de 30 centimètres. Mais elle peut atteindre 17 mètres dans les baies et les détroits.

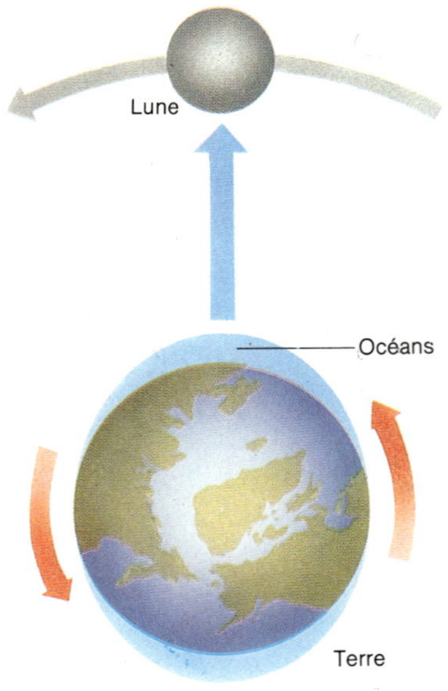

Les flèches montrent le mouvement des particules d'eau à la surface de la mer

▲ Pourquoi les vagues se brisent-elles ?

C'est le vent qui crée les vagues. Elles prennent naissance très loin en mer. Poussées par le vent elles se rapprochent du rivage ; quand la profondeur devient trop faible, le déplacement d'eau se trouve freiné tandis que le sommet de la vague continue d'avancer en se soulevant. A la fin, la vague se brise et s'étale sur la plage.

La longueur d'onde d'une vague est la distance entre sa crête et celle de la vague qui suit. Quand la profondeur devient inférieure à la moitié de cette longueur d'onde, la vague se trouve freinée par le fond ; plusieurs crêtes peuvent se réunir ; la vague se gonfle et prend de la hauteur avant de se briser. Si la plage est en pente douce les vagues déferlent sur une grande distance et permettent la pratique du « surf ».

▲ Pourquoi voit-on des ondulations sur les plages de sable ?

Le vent et les vagues, réunis, peuvent modifier la surface sablonneuse des plages.

Les ondulations que l'on peut voir sur les plages se forment de la même façon que les dunes. Ces ondulations s'alignent perpendiculairement au vent. Le vent déplace le sable fin qui s'accumule ; de simples rides, au départ, grossissent alors pour former des ondulations plus importantes. La mer, qui avance et se retire alternativement, deux fois par jour, apporte également sa contribution à la « sculpture » des plages. Les vagues, par le déplacement d'eau qu'elles entraînent, moulent en quelque sorte le fond sablonneux. Cela, si elles ne sont pas trop violentes. Sinon leur puissance rabote au contraire toute ondulation.

▼ Pourquoi la mer ronge-t-elle parfois la terre ?

La mer possède une puissance gigantesque. La force de ses vagues est suffisante pour attaquer des falaises et les détruire à la longue.

Cette attaque s'appelle l'érosion marine. Elle est maximale quand trois conditions sont réunies : il faut que la marée soit haute, la mer « agitée » et le vent orienté vers la terre. Les vagues peuvent attaquer les plages, les dunes de sable et les falaises. Leur action est d'autant plus efficace qu'elles se chargent au passage de matériaux durs, comme les galets, qu'elles projettent violemment. De plus, l'air comprimé dans les petites cavités qu'elles creusent dans les falaises finit par fracturer les roches.

Dès que la falaise est affaiblie à sa base, elle s'effondre.

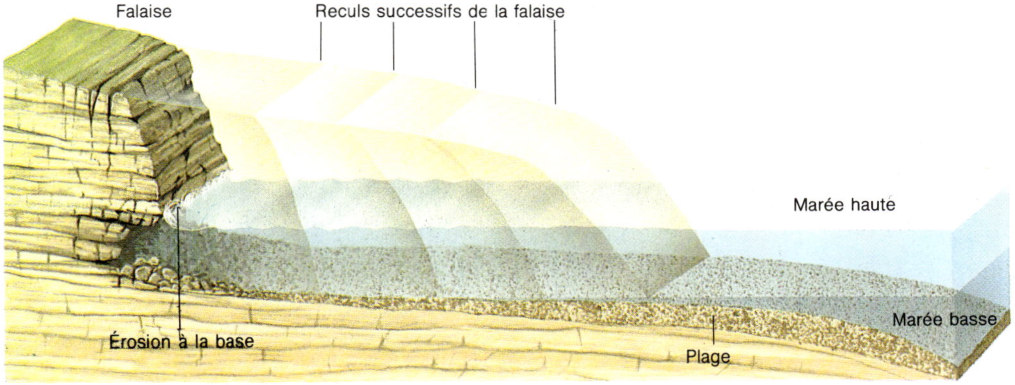

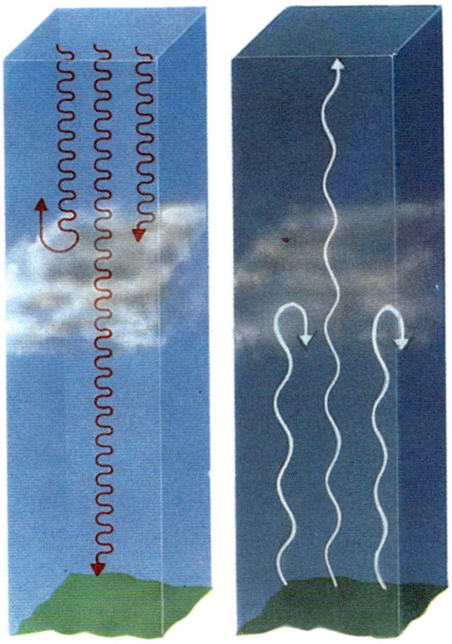

◄ Pourquoi fait-il moins froid, la nuit, par temps couvert que par temps clair ?

Notre Terre est chauffée par le Soleil. Les nuages agissent comme une couverture. Ils empêchent donc de la chaleur reçue dans la journée de repartir vers l'espace.

Le dessin de gauche montre ce qui se passe dans la journée, quand le Soleil chauffe la Terre. Les nuages interceptent une partie de la chaleur solaire (flèches rouges) et en renvoient une autre partie vers l'espace. Le dessin de droite montre ce qui se passe la nuit, quand il n'y a plus de chaleur provenant du Soleil. La Terre, chauffée dans la journée, devient à son tour un radiateur, et sa chaleur cherche à partir vers l'espace. Les nuages l'en empêchent (flèches blanches). Quand il n'y a pas de nuages, la perte de chaleur est plus forte et la nuit plus froide. C'est aussi pourquoi il fait très chaud le jour dans les déserts, mais très froid la nuit, car il n'y a pas de nuages pour retenir cette chaleur.

► Pourquoi le vent souffle-t-il ?

Le Soleil chauffe l'atmosphère de la Terre, et y entraîne des mouvements d'air. Ces mouvements, ce sont les vents.

Les différentes parties de la Terre ne sont pas toutes chauffées de la même façon, comme le montre le dessin ci-contre. Près de l'équateur, le Soleil se trouve à la verticale et chauffe plus. Près des pôles, ses rayons arrivent obliquement et chauffent moins.

Une bonne partie de la chaleur reçue ainsi par la Terre est renvoyée dans l'espace, absorbée par les nuages de vapeur d'eau et les poussières, réfléchie par les glaciers et les champs de neige. La température varie donc beaucoup suivant les endroits, d'après la latitude, la saison, l'heure…

L'air chaud monte. L'endroit où il était est donc une zone de basse pression, que l'air froid vient « remplir ». Cette zone devient alors zone de haute pression. Le vent est un déplacement d'air des hautes pressions vers les basses pressions.

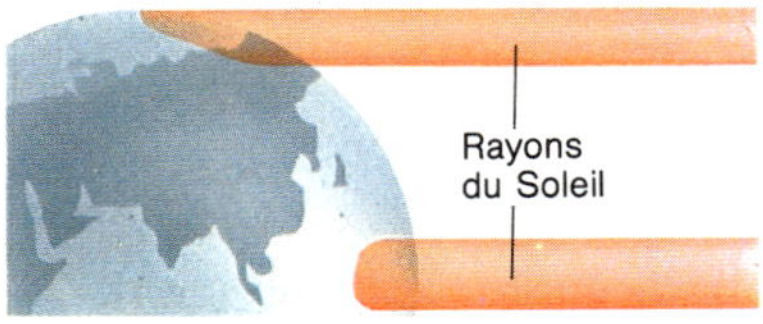

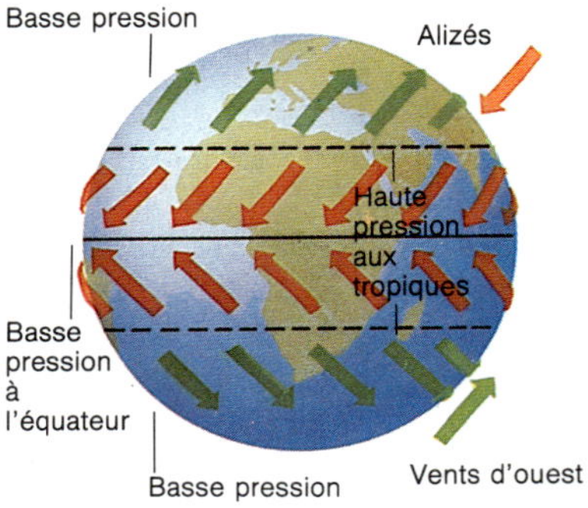

◄ Pourquoi les vents tournent-ils toujours en rond ?

Les vents, à la surface de la Terre, soufflent de façon circulaire à cause de la rotation terrestre.

Si la Terre était immobile, les vents souffleraient en ligne droite, des hautes vers les basses pressions. Mais comme notre planète tourne sur elle-même assez vite, les vents suivent une trajectoire circulaire.

Dans l'hémisphère Nord, les vents tournent autour des zones de basse pression dans le sens contraire des aiguilles d'une montre. Les photographies prises par les satellites météo, comme celle-ci, le montrent bien. Un cyclone présente le même mouvement circulaire, mais sur un diamètre plus faible ; la pression y est beaucoup plus basse et les vents beaucoup plus violents.

Les zones de hautes pressions sont appelées anticyclones. Les vents s'y déplacent dans le sens des aiguilles d'une montre dans l'hémisphère Nord ; au sud de l'équateur, c'est l'inverse.

▼ Pourquoi les nuages se forment-ils ?

Un nuage est formé de plusieurs milliards de gouttelettes d'eau ou de cristaux de glace. Quand un nuage se forme, la vapeur d'eau contenue dans l'air se condense, c'est-à-dire devient liquide et visible sous forme de gouttelettes d'eau.

L'air, qu'il soit chaud ou froid, renferme toujours de la vapeur d'eau, invisible. L'air qui se refroidit entraîne la condensation de la vapeur en gouttelettes d'eau, qui devient alors visible.

On peut découvrir ce phénomène lorsque l'on sort une bouteille du réfrigérateur. Au contact du verre froid, l'air condense localement sa vapeur, en formant de la buée. De la même façon, l'air que nous soufflons, en hiver, forme une sorte de nuage.

L'air qui monte se refroidit. L'image ci-dessous montre de l'air chaud s'élevant au-dessus d'une ville : il se condense en gouttelettes qui forment un nuage. De l'air qui monte sur une montagne (à droite) se refroidit et donne naissance à des nuages.

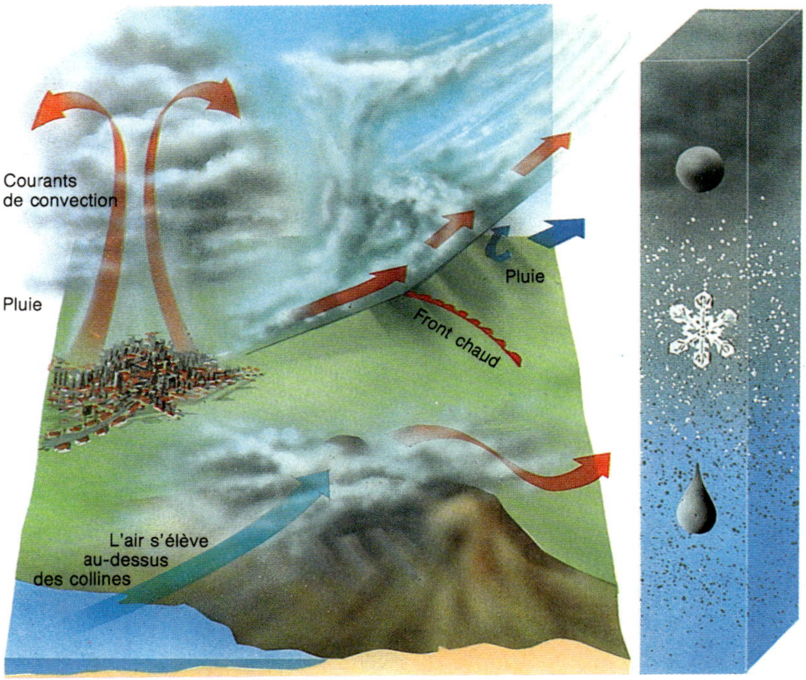

◂ Qu'est-ce qui fait pleuvoir ?

Quand il pleut, les gouttelettes d'eau d'un nuage grossissent en se regroupant. Elles forment alors des gouttes qui, trop lourdes, tombent.

On pense que les gouttelettes d'eau d'un nuage se condensent toujours autour d'un très petit noyau : grain de poussière ou cristal de glace. Lorsqu'elles grossissent trop, les gouttelettes commencent par tomber du sommet du nuage, balayant d'autres gouttelettes sur leur passage. Et ce sont des gouttes de presque 1 mm de diamètre qui arrivent au sol.

▸ D'où vient le brouillard ?

Le brouillard se forme de la même façon qu'un nuage. Le brouillard n'est pas autre chose qu'un nuage descendu au niveau du sol. Il apparaît lorsque le sol est suffisamment froid et l'air suffisamment humide pour qu'il y ait condensation.

L'air peut se refroidir, près du sol, pour plusieurs raisons. D'abord si le sol lui-même est très froid (glacier, par exemple) ou se refroidit rapidement par une nuit claire (voir dessin ci-dessus). Cela peut se produire également au-dessus d'une mer froide : des brouillards se forment fréquemment à San Francisco, parce que la côte est longée par un courant froid. Si une masse d'air plus doux arrive, elle se condensera pour donner un brouillard.

Le brouillard est lourd et il a donc tendance à descendre. C'est pourquoi on trouvera fréquemment du brouillard dans les parties basses : vallées en montagne, par exemple, ou champs en contre-bas, en plaine.

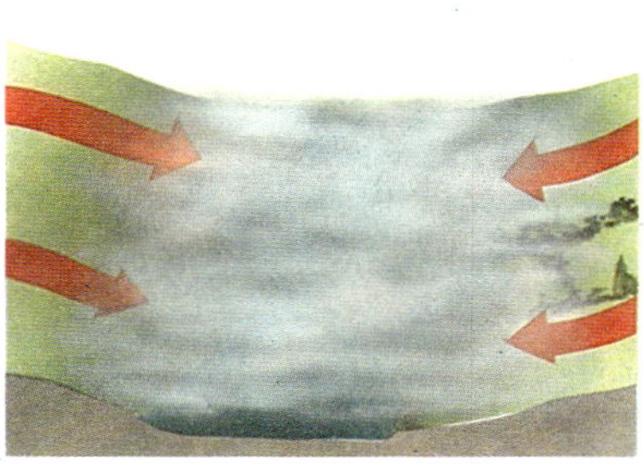

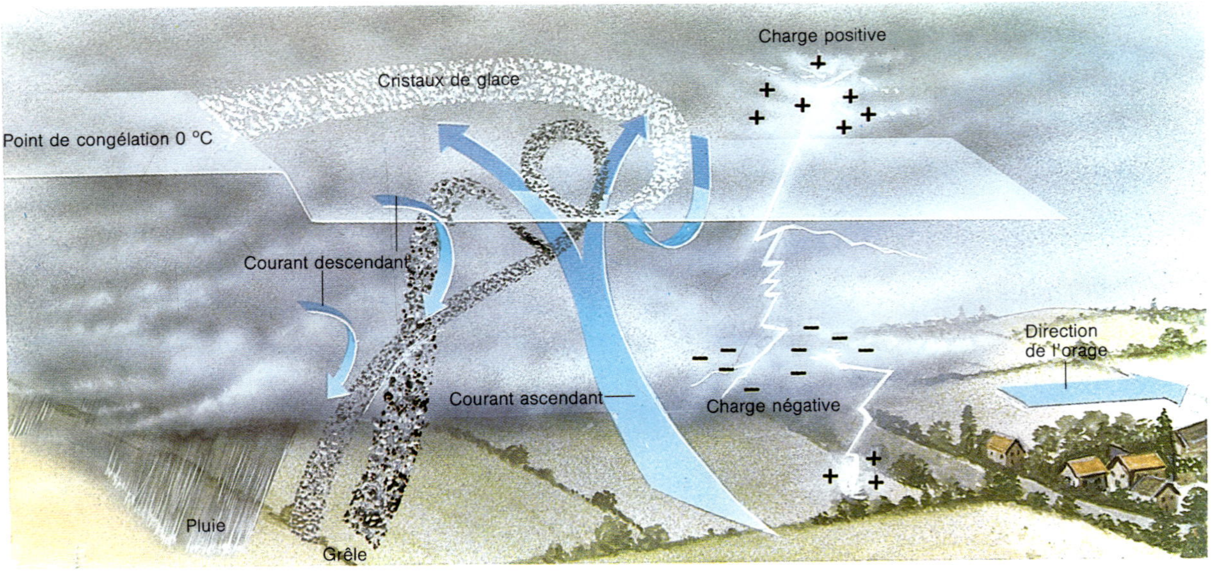

▲ Pourquoi le tonnerre suit-il toujours l'éclair ?

L'éclair d'un orage n'est pas autre chose qu'une énorme étincelle électrique. Le tonnerre est le bruit que fait l'air brusquement dilaté (augmenté de volume) par l'éclair. Les deux phénomènes sont simultanés, mais la lumière se déplace beaucoup plus vite que le son. Nous voyons donc toujours l'éclair en premier.

Le tonnerre est un bruit provoqué par le choc brutal des molécules d'air chauffées par l'éclair, tout au long de son trajet.

La lumière se déplace un million de fois plus vite que le son : 300 000 km/s contre 300 m/s. Nous voyons donc la lumière de l'éclair tout de suite, alors qu'il faut parfois plusieurs dizaines de secondes avant que le bruit du tonnerre nous parvienne.

Plus l'orage est proche, plus l'écart entre l'éclair et le tonnerre est petit.

Pour calculer la distance d'un orage (en kilomètres), il suffit de diviser par 3 le temps (en secondes) qui s'écoule entre la vision de l'éclair et l'arrivée du tonnerre.

▲ Pourquoi les éclairs frappent-ils souvent des arbres ?

Quand un éclair jaillit d'un nuage, en direction de la terre, il emprunte le chemin le plus facile. Autrement dit, il cherche à atteindre les points les plus élevés. Dans les champs, ce sont les arbres.

Un nuage d'orage est une sorte d'énorme générateur électrique. La charge positive se trouve au sommet du nuage et la charge négative à sa base. L'éclair est l'étincelle qui jaillit entre les deux. L'éclair peut jaillir entre deux nuages, ou entre un nuage et le sol.

L'éclair cherche toujours le plus court chemin vers la Terre. L'air, mauvais conducteur, offre beaucoup de résistance à l'électricité. Un arbre isolé constitue un chemin plus facile vers le sol. De même, les bâtiments les plus élevés attirent le plus facilement la foudre. Aussi doivent-ils être protégés par des paratonnerres.

▲ Pourquoi avons-nous parfois de la grêle ?

Un grêlon coupé en deux ferait apparaître une succession de couches de glace. En effet, les grêlons grossissent en s'entourant de couches de glace successives à mesure qu'ils s'élèvent dans les nuages d'orage. Ils sont poussés par de très violents courants ascendants (c'est-à-dire montants), puis retombent lorsqu'ils ont un poids trop important.

Ce dessin montre un nuage d'orage typique. Pour qu'il contienne des grêlons, il faut que son sommet soit au-dessus du niveau de congélation et que de violents courants verticaux s'y déplacent. Ces courants transportent des gouttelettes d'eau qui gèlent puis grossissent en s'entourant de carapaces de glaces successives.

Il arrive un moment où le courant ascendant n'est plus assez fort pour supporter le grêlon, qui tombe. On a vu parfois se former des grêlons aussi gros que des œufs de pigeon !

▶ Pourquoi un flocon de neige est-il formé de cristaux ?

Quand la vapeur d'eau se refroidit, elle se condense généralement en gouttelettes d'eau. Toutefois, dans l'air froid, elle peut se transformer directement en cristaux de glace. Ces cristaux peuvent eux-mêmes s'assembler pour former un flocon de neige.

Dans un nuage de neige, il n'y a pas de forts courants ascendants. En outre, la température doit être assez froide pour que les gouttelettes d'eau se transforment directement en cristaux, mais pas trop.

La forme des cristaux de neige varie suivant la température et l'humidité de l'air dans lequel ils se sont formés, et de celui dans lequel ils tombent. Il n'est donc pas surprenant qu'on n'ait jamais trouvé deux cristaux exactement semblables.

▲ Pourquoi les cyclones provoquent-ils tant de dégâts ?

Les cyclones sont des vents tournants extrêmement violents, qui soufflent à environ 300 km/h. Suivant les régions, on les appelle aussi ouragans ou typhons. Ils naissent au-dessus des mers chaudes, puis se déplacent en absorbant de plus en plus d'humidité. Un cyclone peut mesurer 400 kilomètres de diamètre.

Le centre d'un cyclone s'appelle l'œil. C'est une zone de temps calme d'environ 40 kilomètres de diamètre. C'est autour de lui que soufflent les vents tournants, qui s'élèvent ensuite dans l'atmosphère comme dans une cheminée invisible. Après le passage de l'œil, qui n'est qu'une accalmie, le vent redouble de violence.

▶ Pourquoi voyons-nous des arcs-en-ciel ?

Lorsqu'un rayon de lumière traverse une gouttelette d'eau, il change de direction (dévie). La lumière du soleil est un mélange de plusieurs couleurs. Or la goutte d'eau dévie certaines couleurs plus que d'autres. Le résultat final est un arc coloré dans le ciel.

Les rayons lumineux voyagent en ligne droite, mais sont déviés lorsqu'ils traversent des substances de densité différente : par exemple en passant de l'air au verre ou de l'air à l'eau. Cet effet est appelé réfraction. Ainsi, les gouttelettes d'eau qui sont dans l'air, peuvent réfracter les rayons lumineux du Soleil. Mais il faut que les rayons arrivent sous un angle assez faible : c'est pourquoi au sol nous voyons des arcs-en-ciel le matin ou le soir, mais jamais à midi.

En avion, on peut voir parfois en dessous de soi un cercle complet des couleurs de l'arc-en-ciel.

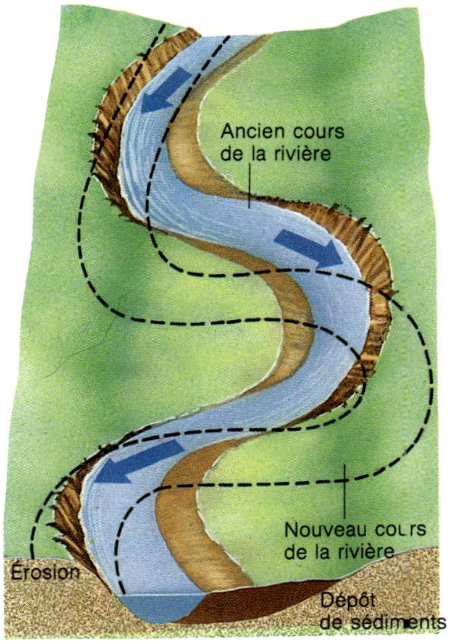

◂ Pourquoi les méandres des rivières se modifient-ils ?

Le dessin montre bien comment la force du courant d'une rivière frappe le bord extérieur du méandre et provoque une usure à cet endroit. Sur le bord intérieur, de la vase et du sable se déposent. Par ces deux actions, le méandre s'accentue de plus en plus.

Imaginez que vous soyez dans un canoë, sur une rivière. Le courant vous pousse vers l'extérieur du méandre, et vous devez pagayer vite et fort pour éviter de percuter la berge. Au virage suivant, c'est la même chose.

Le courant frappe ainsi alternativement l'une ou l'autre berge et les sape. Cette action est encore plus forte quand il transporte sable et graviers.

Comment débutent les méandres à l'origine ? Le cours d'eau suit simplement la pente du terrain la plus forte, et elle change sans cesse de direction.

▸ Pourquoi certains fleuves ont-ils des deltas ?

Le delta d'un fleuve a pour origine un dépôt d'alluvions (vase et sable) à son embouchure. Il a la forme d'un triangle, comme la lettre grecque qui lui a donné son nom.

Un delta se forme à l'embouchure d'un fleuve s'il transporte plus d'alluvions que la mer ne peut en enlever par l'intermédiaire des courants et des marées. On rencontre donc beaucoup de deltas pour les fleuves et les rivières qui se jettent dans des lacs ou des mers fermées. C'est notamment le cas du Nil et du Rhône en Méditerranée.

Au moment où un fleuve débouche dans la mer, ou dans un lac, son débit se trouve soudain ralenti. Les alluvions transportées s'accumulent alors à l'embouchure et la bouchent peu à peu. L'eau s'étale progressivement de chaque côté de l'ancien lit et en creuse de nouveaux pour emporter ses matériaux dans la mer. Une zone marécageuse triangulaire se forme et s'élargit.

◂ Pourquoi certains lacs disparaissent-ils ?

De nombreux lacs anciens ont disparu. Certains se sont comblés ; d'autres se sont vidés. Certains encore se sont asséchés. Et cela sur tous les continents.

Les lacs peuvent se combler avec les matériaux apportés par les rivières. Les lacs de montagne disparaissent souvent de cette façon, en se remplissant de terres venues des glaciers.

Il peut arriver aussi qu'une ouverture apparaisse sur la bordure du lac, qui se vide parfois complètement. De telles ouvertures peuvent s'ouvrir à la suite de tremblements de terre.

Certains lacs s'assèchent par évaporation. Les rivières fournissent de moins en moins d'eau pour les alimenter, et cette eau s'évapore sous le Soleil. Après une série d'années de sécheresse le lac Eyre, en Australie, a disparu. Mais il peut réapparaître si des pluies abondantes se produisent pendant plusieurs saisons successives.

▸ Pourquoi des glaciers apparaissent-ils ?

Un glacier, c'est en quelque sorte une grande rivière de glace. Un glacier se forme quand il tombe en une année plus de neige qu'il n'en fond. Les couches de neige inférieures, tassées sous le poids des couches supérieures, se transforment en glace. Elles forment alors de grandes plaques qui glissent lentement dans les vallées montagneuses.

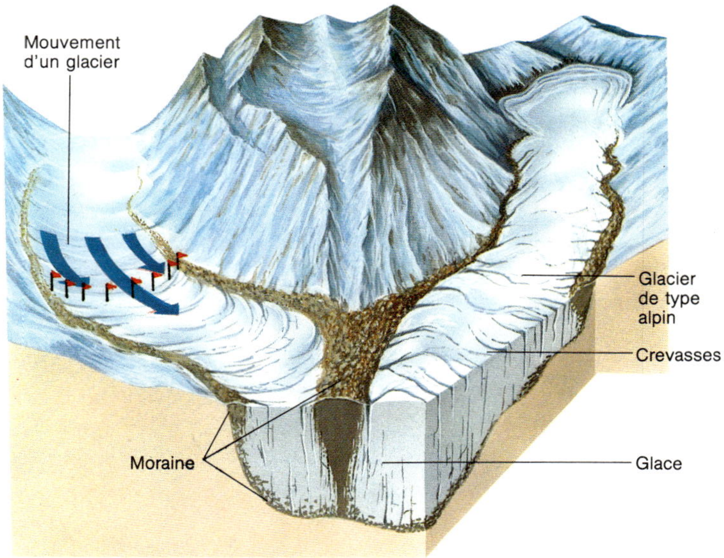

Les glaciers ne se forment que dans les régions de climat rude, qui subissent des chutes de neige toute l'année. Cela se produit pour les régions polaires, ou en haute montagne. Il y a aussi plus de glaciers sur les versants nord des montagnes que sur les versants sud, en raison de l'ensoleillement.

La plupart des glaciers actuels existent depuis la fin du dernier âge glaciaire. Au cours des deux derniers millions d'années, la Terre a connu 5 glaciations. Depuis la dernière glaciation (il y a 10 000 ans), les glaciers commencent à diminuer.

▴ Comment les glaciers se déplacent-ils ?

En permanence de la neige s'accumule à la surface des glaciers. Alourdis, ceux-ci glissent lentement sous leur propre poids.

La glace du fond d'un glacier est soumise à une telle pression que les cristaux dont elle est formée fondent en partie. Sur cette fine pellicule liquide l'ensemble de la plaque glaciaire peut glisser facilement. La vitesse de ce glissement varie avec la pente de la vallée, l'épaisseur du glacier et la température, et peut atteindre plusieurs mètres par an.

Le déplacement d'un glacier est suivi en notant régulièrement la position de piquets qu'on y a plantés. Ceux qui se trouvent au milieu se déplacent plus rapidement que ceux qui sont plantés sur les bords. Ces différences de vitesse entraînent fractures et crevasses.

Les rochers et les cailloux (moraines) qui sont entraînés par les bords du glacier râpent le sol comme un papier de verre. Une vallée en forme de U se creuse alors ; c'est la forme caractéristique des vallées glaciaires.

▸ Pourquoi les manteaux glaciaires ont-ils modifié le paysage ?

Les manteaux (ou couches) glaciaires de la dernière glaciation ont beaucoup changé le paysage des régions qu'ils recouvraient. Mais leur action est différente de celle des glaciers.

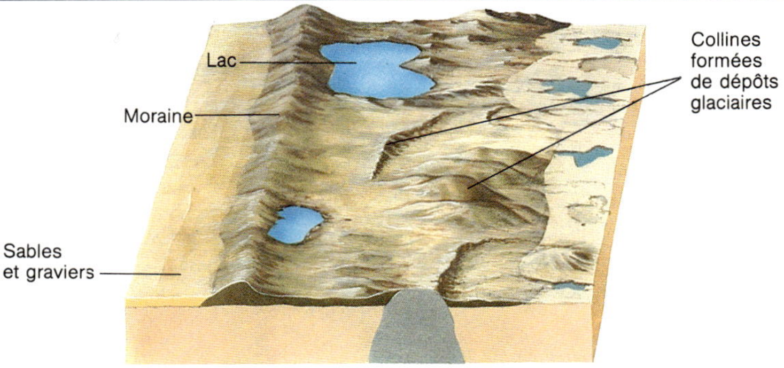

Il suffit de jeter un coup d'œil sur une carte de la Finlande ou du Nord-Est canadien pour noter la présence de milliers de lacs. Ce sont là des régions de vieilles roches dures qui ont été érodées (usées) par des manteaux glaciaires. Le matériau érodé est déposé maintenant dans des plaines plus basses, où il a été entraîné par la glace quand elle a fondu. Le nord de la Grande-Bretagne est aussi une région qui a subi cette érosion glaciaire : toute l'Écosse est parsemée d'une multitude de lacs d'origine glaciaire.

En bordure des manteaux glaciaires on trouve des dépôts de sables, graviers, argiles, formant de petites collines.

► Pourquoi certains sols sont-ils fertiles ?

Un sol fertile est riche en humus, en bactéries et en sels minéraux. Il contient également beaucoup d'eau.

La nature du sous-sol a aussi une grande importance. Les roches perméables, comme le grès, donnent un sol léger et sec. Les roches imperméables comme l'argile donnent des sols lourds et gorgés d'eau. Des débris de roches fournissent les minéraux dont les plantes ont besoin.

Le climat et la végétation jouent également un rôle important, car les plantes ont besoin de matières organiques ; les déchets des végétaux morts renferment des matières organiques. La décomposition de ces déchets est faite par des microbes. Le résultat est une matière sombre et humide : l'humus.

Les sols les plus fertiles sont ceux qui sont riches en humus ou en limons ; les limons sont des boues argileuses et calcaires, mêlées à des débris, organiques, véhiculées par les fleuves et les rivières.

◄ Pourquoi le calcaire est-il différent des autres roches ?

Il existe plusieurs sortes de calcaires, mais tous appartiennent à la famille des roches sédimentaires. On les appelle également roches organiques, car elles renferment des fossiles d'animaux marins. Pour savoir si une roche est calcaire, il suffit de verser dessus une goutte d'acide : s'il se produit un bouillonnement, elle est calcaire.

▲ Pourquoi y a-t-il des grottes souterraines ?

Des cavernes, des rivières et des lacs souterrains existent dans les sous-sols calcaires. Parce que le calcaire est la seule roche que l'eau de pluie peut dissoudre.

Les cavernes calcaires sont creusées par l'eau, de deux façons. L'eau de pluie, d'abord, dissout ce calcaire en produisant des fissures qui s'élargissent jusqu'à former des cavernes. Dans celles-ci naissent aussi des rivières souterraines qui à leur tour provoquent une érosion. Certaines de ces cavernes sont spectaculaires, car elles contiennent des dépôts en forme d'aiguilles ou de tours verticales : les stalactites et les stalagmites.

Remarquons qu'il existe également des cavités souterraines dans le basalte : ce sont des chambres volcaniques formées lorsque des coulées de lave se refroidissent en surface mais restent liquides en profondeur. Lorsque la lave liquide s'est écoulée, il reste la caverne.

Dans de nombreux calcaires, on voit des fossiles de coquillages. D'autres se forment à partir de coraux qui vivaient dans les mers chaudes, il y a plusieurs millions d'années. D'autres encore se forment à partir de carbonate de calcium (union du gaz carbonique et de la chaux). La craie est une variété de calcaire produite à partir d'organismes marins.

Tous les calcaires sont perméables. Cela signifie que l'eau peut les traverser. Ainsi, les calcaires peuvent se dissoudre lentement dans l'eau, qui est un acide léger.

◄ Pourquoi se produit-il une érosion du sol ?

Le sol peut se trouver érodé, c'est-à-dire raboté, par le vent ou l'eau. Ce phénomène se produit le plus souvent quand un sol léger est dénudé et asséché. Il faut aussi qu'il subisse des vents violents et des averses orageuses fréquentes.

L'érosion des sols est également provoquée, bien souvent, par de mauvaises méthodes de culture. Quand un sol léger est labouré sur une grande surface et abandonné pendant une période de temps sec, le vent emporte la partie arable (qui peut être labourée). Il faut aussi compter avec les animaux sauvages qui mangent les jeunes pousses et maintiennent le sol dénudé.

L'eau peut causer autant de dommages que le vent. Les pluies torrentielles peuvent emporter la partie arable du sol. On a alors une érosion par ravinement. Dans ce cas, il faut prévoir des fossés pour évacuer le trop-plein d'eau en cas d'averses importantes. Le ravinement se produit aussi sur les herbages détruits par un bétail trop important.

► Pourquoi les dunes du désert se déplacent-elles ?

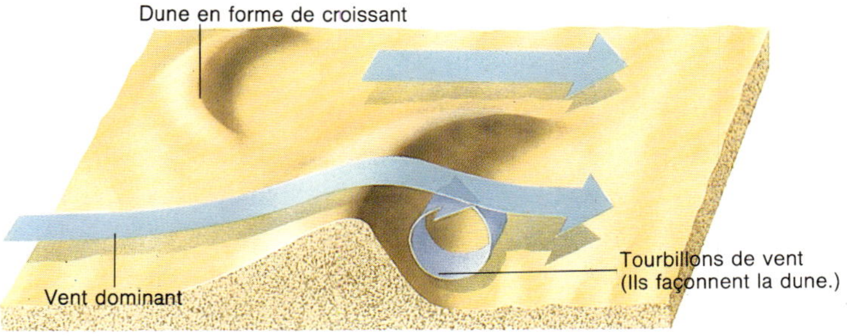

Seulement le cinquième des déserts chauds est recouvert de sable. Des vents parfois violents soufflent à travers ces déserts. Comme il n'y a pas de végétation pour retenir le sable, celui-ci peut se déplacer facilement. Il forme des dunes qui elles-mêmes se déplacent.

Le dessin montre comment le vent peut créer des dunes en forme de croissant ; les grains de sable montent le long de la pente qui se trouve face au vent, franchissent la crête et descendent sur l'autre versant, toujours plus abrupt. Les extrémités de la dune se déplacent plus facilement que le centre, ce qui donne cette forme en croissant.

En certains endroits se forment des successions de dunes alignées parallèlement à la direction du vent dominant. Ce sont des champs de dunes.

◄ Pourquoi certains déserts grandissent-ils ?

Les déserts s'étendent parce qu'en certains endroits il pleut de moins en moins. Il faut compter aussi avec les vents qui chassent le sable vers de nouvelles régions.

Les déserts n'ont pas toujours eu l'emplacement et la superficie qu'ils ont actuellement. On trouve des dessins préhistoriques de girafes et d'éléphants dans certaines grottes du Sahara. Le volume des pluies reçues a donc beaucoup changé durant ces derniers millénaires. Il ne faut pas de grandes modifications pour faire disparaître la végétation et assécher des rivières.

Des vents très chauds peuvent également faire disparaître les plantes et faire apparaître des dunes de sable. Même en France des dunes ont enseveli de petits villages. Une terre trop dénudée par une mauvaise exploitation des forêts peut devenir désertique. Il en va de même si le drainage et l'irrigation sont mal contrôlés.

Notre passé

◄ Comment les hommes ont-ils pu fabriquer des outils ?

C'est en commençant à se redresser pour marcher sur ses pattes arrière que l'homme primitif a pu fabriquer des outils.

L'homme et les grands singes actuels ont probablement un ancêtre commun, qui vivait il y a plusieurs millions d'années. Ces pré-hominiens marchaient à quatre pattes et se suspendaient aux arbres. Ils habitaient la forêt, se nourrissant de graines et de fruits.

C'est en quittant la forêt que ces êtres vont prendre peu à peu l'habitude de se tenir debout. Et cela va marquer un progrès capital. En effet, désormais, avec leurs mains libres, ils peuvent fabriquer des outils, d'abord très simples.

Avec l'*Homo erectus* (homme debout), une nouvelle étape est franchie. Cet homme aux mains plus habiles, au cerveau plus gros, invente des outils plus perfectionnés, et surtout découvre le feu.

► Quelle est l'origine des villes ?

Dès qu'ils surent exploiter les produits de la terre, les hommes choisirent des endroits pour s'y fixer. Progressivement, les villages se transformèrent en cités. Ce fut le début de la civilisation.

Les premières civilisations naquirent dans les vallées des fleuves de Sumer, de l'Inde et de la Chine. Là, on n'avait pas à errer longtemps pour trouver de la nourriture.

Sur les terres particulièrement fertiles, les paysans produisaient plus de nourriture qu'il ne leur en fallait. Ce surplus permettait de nourrir les artisans, tels les potiers ou les vanniers. Ces peuples commencèrent à vivre dans des maisons en briques de boue séchée et protégées par des murs. Comme les cités attiraient de plus en plus de monde, des lois furent créées pour réglementer la vie.

La plus ancienne cité connue est Jéricho, où il reste des vestiges de mur datant de 9 000 ans ! Dans la région de Sumer et en Inde, les cités connaissaient des magasins, des rues et des caniveaux. Le commerce et les affaires fleurissaient. L'écriture et les mathématiques se développaient.

▲ Pourquoi a-t-on construit des pyramides ?

Les tombes des grands rois de l'Égypte ancienne, les pharaons, étaient d'immenses pyramides de pierre. Elles étaient construites pour durer éternellement.

Les pyramides des premiers pharaons étaient étagées en gradins. Ce n'est qu'à partir du roi Snéfrou, vers 2600 av. J.-C., que la pyramide atteint sa forme parfaite. La plus célèbre est la grande pyramide de Chéops à Gizeh.

Dans la chambre funéraire, le corps du pharaon, entouré de bandelettes, était placé dans un cercueil de bois, lui-même enfermé dans un sarcophage. Autour de lui, on disposait de la nourriture, des habits, des armes. Ce dont le pharaon pouvait avoir besoin dans l'autre monde.

▲ Qu'est-ce que l'histoire du cheval de Troie ?

C'est de l'*Iliade,* récit poétique écrit par le poète grec Homère, que nous tenons le récit du cheval de Troie.

Vers 1200 av. J.-C., l'armée grecque assiégeait Troie mais ne parvenait pas à s'en emparer. C'est alors qu'Ulysse eut l'idée de faire construire un grand cheval en bois dans lequel on pourrait cacher des soldats. Ainsi fut fait. Les Grecs abandonnèrent le cheval devant Troie. Attirés par ce curieux cheval, les Troyens l'emportèrent à l'intérieur de leur ville. La nuit venue, les soldats sortirent des flancs du cheval et ouvrirent les portes de la ville au reste de l'armée grecque. C'est ainsi que Troie, après avoir résisté pendant dix ans, tomba entre les mains des Grecs.

▼ Pourquoi Hannibal s'opposa-t-il aux Romains ?

Rome voulait être le seul maître de toute la Méditerranée. Mais Carthage, en Afrique du Nord, et le général de ses forces armées, Hannibal (247-183 av. J.-C.), tentèrent de s'y opposer.

En 218, Hannibal franchit les Pyrénées avec une armée de 50 000 hommes et des éléphants dont il se servait comme de chars d'assaut. Arrivé en France, au lieu de suivre la route du littoral où les Romains l'attendent, il prend la direction de Alpes, et les traverse malgré les difficultés du relief. Bien que cet exploit lui coûte de lourdes pertes (20 000 hommes et des éléphants), il bat les Romains et ravage l'Italie jusqu'au Sud. Mais, peu à peu, Rome reconquiert le terrain perdu et porte la guerre en Afrique. Rappelé dans son pays, Hannibal est battu à Zama (202) par Scipion, surnommé désormais l'Africain.

▼ Pourquoi les premiers chrétiens furent-ils persécutés ?

Croire en un seul Dieu était considéré comme un crime. Telle était la loi chez les Romains, qui en adoraient plusieurs.

Les premières persécutions commencèrent sous le règne de l'empereur Néron. En 64, il accusa les chrétiens de Rome d'avoir incendié la ville et leur infligea d'atroces supplices. Lors des persécutions, les chrétiens, qui déposaient leurs morts dans des cimetières souterrains, célébraient leur culte dans ces endroits, appelés plus tard les catacombes. Mais c'est sous l'empereur Décius, qui déclarait être lui-même un dieu, que les persécutions furent les plus terribles et les plus violentes. Les chrétiens étaient brûlés vivants ou jetés en pâture aux lions dans les arènes.

En 312, l'empereur Constantin se convertit lui-même au christianisme. Dès lors, les chrétiens purent pratiquer librement leur religion, et Rome devint le centre de l'Église catholique.

▲ Pourquoi les Chinois construisirent-ils la Grande Muraille ?

Au IIIe siècle av. J.-C., la Chine était devenue un empire uni et centralisé. Pour se protéger, les empereurs décidèrent de construire une grande muraille.

La Grande Muraille de Chine, commencée en 221 av. J.-C., s'étend sur 2 400 km. Elle relie une chaîne de petits forts disposés le long de la frontière nord de la Chine. Un chemin de ronde parcourt la muraille ; ainsi des signaux pouvaient rapidement être envoyés en cas d'alerte.

Durant des siècles, la Grande Muraille permit aux Chinois de se protéger de toute tentative d'invasion, comme celle des Mongols. Mais au XIIIe siècle, Gengis Khan conquit la Chine.

▲ Pourquoi les Vikings furent-ils d'audacieux navigateurs ?

Sur leurs navires, appelés drakkars, les Vikings traversèrent des mers inexplorées et découvrirent de nouveaux pays.

De tous les envahisseurs qui déferlèrent sur l'Europe au Xe siècle, les Vikings, originaires de Scandinavie, furent de loin les plus audacieux. Leurs drakkars, de 10 à 20 mètres de long et pouvant embarquer jusqu'à 50 hommes, leur permirent de traverser l'Atlantique pour s'installer en Islande, au Groenland et même d'atteindre l'Amérique, cinq siècles avant Christophe Colomb !

Certains d'entre eux s'établirent en Normandie, qui doit son nom à ces « hommes du Nord ».

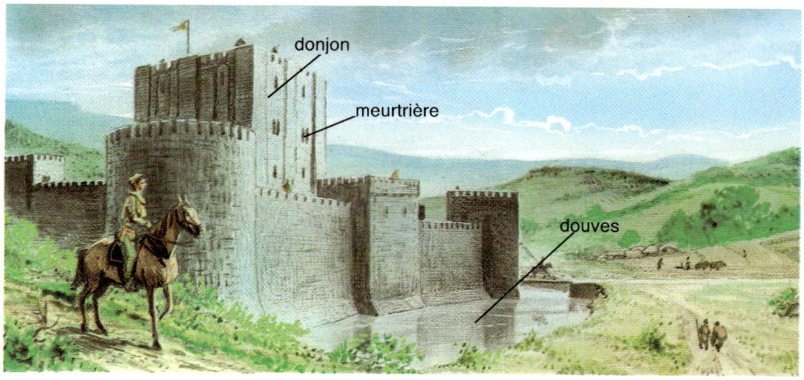

▲ Pourquoi y avait-il des châteaux forts au Moyen Age ?

Au Moyen Age, pour assurer la défense de leurs domaines, les rois et les seigneurs font construire des châteaux forts. Les paysans viennent s'y réfugier en cas de danger.

Au centre du château, sur une motte de terre artificielle, s'élève une grande tour, ou donjon. Ce dernier est protégé par de hautes tours, d'épais remparts en pierre et par de profonds fossés remplis d'eau : les douves. Des remparts, les soldats pouvaient tirer des flèches ou envoyer d'autres projectiles sur l'ennemi. Des ouvertures très étroites, les meurtrières, permettaient d'éviter toute riposte.

Les attaquants en étaient réduits à faire le siège du château, en espérant que ses occupants, affamés, se rendraient.

▼ Pourquoi les croisés se sont-ils battus contre les Turcs ?

Durant deux siècles, musulmans et chrétiens se disputèrent la Terre sainte de Palestine.

En 1095, à l'annonce de la prise de Jérusalem par les Turcs, le pape Urbain II appela tous les chevaliers à une croisade, à une guerre de « la Croix du Christ », pour arracher la Terre sainte aux musulmans.

Jusqu'au XIIIe siècle, des hommes venus de toute la chrétienté et même des souverains prestigieux (Saint Louis, Richard Cœur de Lion) risquèrent leur vie pour libérer la Terre sainte. Mais la prise de la dernière place forte en 1291 ruina les espoirs des croisés.

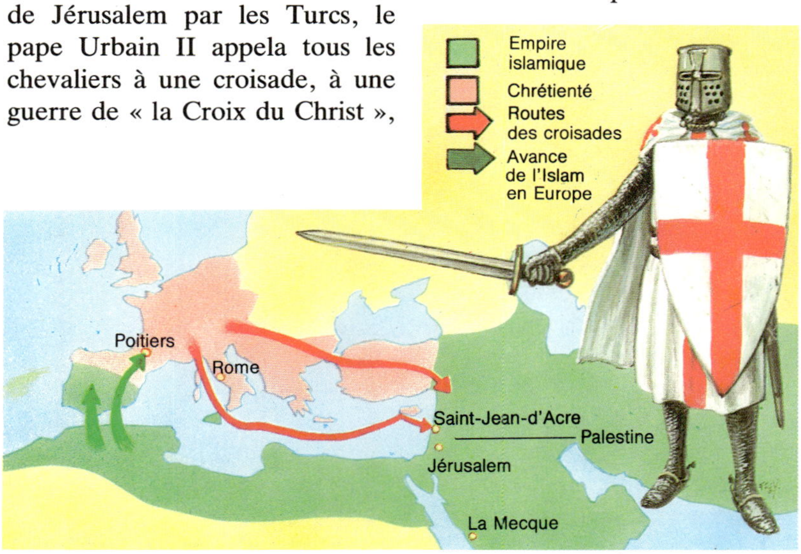

▼ Pourquoi y a-t-il des protestants ?

Au début du XVIe siècle, Luther et Calvin protestent contre certaines pratiques de la riche et puissante Église catholique. Ils veulent la « réformer » pour rendre au christianisme sa pureté d'origine.

En 1515, un moine allemand, Luther (1483-1546), publie une brochure où il s'oppose à la pratique par l'Église des indulgences (le pardon de ses péchés en échange d'un versement d'argent). Le pape fait brûler les écrits du moine et l'exclut de la communauté catholique en 1520. Cependant, ses doctrines se propagent dans toute l'Europe.

En France, lorsque des placards (c'est-à-dire des affiches) insultants pour le pape sont affichés jusque sur la porte de la chambre du roi, François Ier pourchasse les « luthériens ». Parmi ceux qui s'enfuient de France, il y a Jean Calvin (1509-1564), auteur d'un ouvrage qui s'inspire en partie des théories de Luther. Les deux hommes sont à l'origine de la Réforme protestante.

▸ Les « Indiens » d'Amérique étaient-ils des Indiens ?

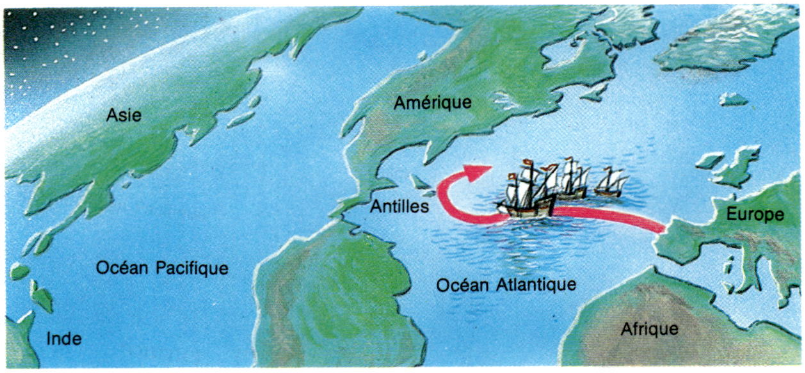

Quand Christophe Colomb (v. 1450-1506) quitta l'Espagne avec 3 navires en 1492, il espérait atteindre l'Inde. Or, il découvrit un nouveau monde et un nouveau peuple qu'il appela les « Indiens ».

Colomb supposait que la Terre était ronde. En naviguant vers l'ouest, il espérait parvenir plus rapidement aux Indes qu'en se dirigeant vers l'est, où il fallait d'abord contourner l'Afrique. Mais il ne savait pas qu'en prenant cette direction, il découvrirait un immense continent : l'Amérique. Aussi, quand ses navires débarquèrent aux Antilles, Christophe Colomb pensa qu'il venait d'atteindre l'Asie et que les hommes qui vivaient sur ces îles étaient des Indiens.

◂ Pourquoi Charles-Quint « voyait » toujours le soleil...

Sous le règne de Charles Quint (1516-1556), l'Espagne s'agrandit d'un vaste empire en Amérique, dont l'or assurait toute sa puissance.

En effet, d'immenses territoires dans le Nouveau Monde furent conquis par des aventuriers qui bénéficièrent de l'impression de terreur que leurs chevaux et leurs armes à feu produisaient sur les « Indiens ». Cortés et 500 conquistadores (conquérants) détruisirent l'Empire aztèque et devinrent les maîtres du Mexique. Pizarro ruina l'Empire des Incas et s'empara du Pérou. Du Nouveau Monde, la flotte espagnole revenait chargée de lingots d'or et d'argent. Ces fabuleuses richesses permettaient à Charles Quint, non seulement roi d'Espagne mais aussi empereur germanique, de rendre plus forte son autorité en Europe. Fièrement il déclarait : « Sur mon empire, jamais le soleil ne se couche », car quand le soleil se couchait en Espagne, il se levait en Amérique.

▸ Qu'est-ce que la révolution industrielle ?

La révolution industrielle, qui bouleverse au cours du XIXe siècle l'Europe et les États-Unis, est à l'origine du développement de l'industrie, de la modernisation de l'agriculture, de l'augmentation des rendements et de l'exode rural.

A l'origine de tous ces bouleversements, il faut voir avant tout le rôle joué par les nouveautés techniques. En effet, ce sont les applications pratiques des grandes découvertes qui vont transformer les structures des pays. C'est d'abord la machine à vapeur qui remplace un peu partout la main-d'œuvre humaine et qui travaille plus vite, mieux et moins cher que l'homme. Progressivement, d'autres machines remplacent les hommes dans leur travail. La production s'accroissant, les rendements augmentent sans cesse.

Les gens quittent leur campagne pour se rendre à la ville et gonfler le nombre d'ouvriers, qui forment le prolétariat. Les conditions de travail sont souvent dures et dangereuses.

► Quelle est l'origine de la Révolution française ?

A la fin du XVIIIe siècle, la France connaît des bouleversements révolutionnaires qui mettront fin à la royauté.

En 1789, la société française est profondément divisée. Si le clergé et la noblesse se partagent la plupart des richesses du pays, le Tiers État (ordre rassemblant tous ceux qui n'appartiennent ni au clergé ni à la noblesse) doit supporter seul le poids écrasant des impôts. Quant au roi, qui a des pouvoirs illimités, il peut faire emprisonner quiconque sans jugement. Enfin, la situation financière est alors très mauvaise.

Pour y remédier, le roi décide de convoquer les États Généraux (c'est-à-dire les représentants du clergé, de la noblesse et du Tiers État).. Mais, le 14 juillet 1789, le peuple de Paris, mécontent, s'empare de la prison de la Bastille, symbole de l'autorité royale.

◄ Comment l'Italie fut-elle unifiée ?

Au XIXe siècle, l'Italie était soumise à la domination autrichienne. Mais elle rêvait de s'en libérer et de retrouver son unité perdue. Grâce à Cavour, Premier ministre du roi de Sardaigne Victor-Emmanuel, et à Garibaldi, ce rêve deviendra réalité en 1861.

En 1858, avec l'aide de Napoléon III, Cavour parvient à chasser les Autrichiens de Lombardie. Avec l'accord de Cavour, Garibaldi, un aventurier révolutionnaire, débarque avec un corps expéditionnaire de mille hommes en chemises rouges en Italie du Sud et fait une remontée spectaculaire jusqu'à Naples (1860). En 1861, Victor-Emmanuel devient le premier roi de l'Italie unifiée. Seules la Vénétie et Rome manquent encore au royaume. Mais, dès 1866, la Vénétie est acquise, et en 1870, l'armée italienne entre dans Rome, qui devient alors la capitale du royaume.

► Pourquoi l'Europe a-t-elle colonisé l'Afrique ?

A la fin du XIXe siècle, l'Europe voit dans la colonisation de l'Afrique un bon moyen de faire face à l'accroissement de sa population et au ralentissement de sa croissance économique.

L'Afrique restait très mal connue jusqu'au milieu du XIXe siècle. Peu à peu des explorateurs, tel l'Anglais Stanley et le Français Brazza, vont révéler l'immensité des richesses de ce Continent noir. Dès lors l'Angleterre, la France, la Belgique, l'Espagne, l'Italie et le Portugal se lancent à l'assaut de l'Afrique et se mettent d'accord pour que le premier arrivé conserve le territoire découvert. C'est ainsi que rapidement les Africains se retrouvent dépossédés de leur territoire. En 1902, seul le Libéria reste un pays libre.

Si la colonisation a laissé derrière elle des routes, des ports, des voies ferrées, des villes, des hôpitaux, des écoles... elle a aussi accentué le sous-développement de l'Afrique.

▼ Pourquoi la Russie a-t-elle connu une révolution en 1917 ?

A la veille de la Première Guerre mondiale, la Russie était un pays pauvre et arriéré. La guerre, les défaites et la faim accentuèrent le mécontentement. En 1917, la révolution éclata.

La Russie était un immense pays, mais dont les richesses n'étaient pas exploitées. A sa tête, régnait un tsar (empereur) autoritaire qui s'occupait peu du sort misérable d'innombrables paysans. La guerre contre l'Allemagne entraîna de nouvelles souffrances. La faim, la misère et les défaites

contribuèrent en février 1917 à la chute du tsar.

Mais le nouveau gouvernement montrait de jour en jour son incapacité à résoudre les problèmes du pays. Aussi les communistes, conduits par le parti bolchevik et Lénine, décidèrent de s'emparer du pouvoir en se rendant maîtres de Petrograd (aujourd'hui Leningrad) le 25 octobre 1917. L'Église, les riches industriels et les propriétaires terriens furent dépossédés par l'État. La Russie devint le premier État communiste du monde.

▲ La guerre de 1914 : pourquoi tant de victimes ?

La Première Guerre mondiale ou la « Grande Guerre » (1914-1918) choqua longtemps les esprits par le nombre effrayant de morts et de blessés qu'elle fit.

Avec la Grande Guerre, c'est la première fois que sont utilisés dans un conflit les avions, les sous-marins, les chars et les gaz asphyxiants. En 1914, lorsque la guerre éclata, les deux camps s'attendaient à une victoire rapide. Or, durant trois ans, les combattants restèrent dans des tranchées, sous le feu de l'artillerie adverse. Dans le froid et la boue, beaucoup sont morts pour avoir tenté de gagner quelques centimètres de terrain. Les villes étaient bombardées et la guerre s'étendit jusque sur les mers. Au total, près de 10 millions de personnes succombèrent dans ces boucheries héroïques et inutiles.

▲ Pourquoi les Chinois firent-ils une longue marche ?

Dans la première partie du XXe siècle, la Chine connut des guerres civiles et une révolution. De 1933 à 1934, le fondateur de la Chine communiste, Mao Tse-tung, conduisit les communistes dans une « Longue Marche ».

La guerre civile avait opposé le gouvernement nationaliste de Tchang Kaï-chek aux communistes. Près de la défaite, ceux-ci se retirèrent en 1934 dans les montagnes du Chen-si, au terme d'une marche de 12 000 kilomètres, appelée la « Longue Marche ».

En 1937, les deux adversaires s'allièrent pour repousser les Japonais. Mais, en 1945, à nouveau la guerre civile éclata. La victoire revint aux communistes en 1949, tandis que les nationalistes allaient se réfugier à Taiwan.

Mao Tse-tung, un des héros de la Longue Marche, se retrouva à la tête de la Chine et gouverna jusqu'à sa mort en 1976.

▲ Qu'est-ce que l'O.N.U. ?

Dès 1945, au lendemain de la Seconde Guerre mondiale, les pays victorieux décident de créer l'Organisation des Nations Unies (O.N.U.) pour préserver le monde de la guerre.

Durant les années 1930, la Société des Nations (S.D.N.) n'avait pu empêcher Hitler de déclencher la Seconde Guerre mondiale. Cependant, à la fin de cette guerre (1939-1945) qui avait coûté la vie à 30 millions de personnes, à nouveau les nations décident de créer une organisation ayant pour but d'éviter de tels conflits.

Si, en 1945, l'O.N.U. comptait 51 membres, aujourd'hui ils sont 150. L'O.N.U. essaie de persuader les pays de régler leurs problèmes pacifiquement, et non par la guerre.

▼ Pourquoi le mur de Berlin ?

Au lendemain de la Seconde Guerre mondiale (1939-1945), l'Allemagne est séparée en deux États et sa vieille capitale, Berlin, est divisée en deux par un mur.

En 1949, l'Allemagne se retrouvait coupée en deux : à l'est, la République démocratique d'Allemagne, sous l'influence soviétique, et à l'ouest, la République fédérale d'Allemagne, sous l'influence du bloc libéral (Angleterre, États-Unis, France). De nombreux Allemands fuirent la République démocratique pour l'Ouest.

Berlin, situé en Allemagne de l'Est, fut divisé entre les deux Allemagne. Beaucoup d'habitants de la partie est de la ville venaient se réfugier dans Berlin-Ouest. Aussi, en 1961, les Allemands de l'Est bâtirent un mur à travers la ville pour marquer une frontière. Ce « mur de la Honte » est le symbole de la « guerre froide » qui oppose l'Est à l'Ouest.

▲ Pourquoi a-t-on créé l'État d'Israël ?

Depuis la décision par l'O.N.U., en 1947, de la création d'un État israélien, la Palestine est devenue le centre des conflits entre Arabes et Hébreux.

Depuis l'occupation de la Palestine par les Romains, les Hébreux rêvaient d'un nouvel Israël. En 1918, lorsque prit fin la domination turque, Arabes et Juifs réclamèrent la Palestine. Des israélites quittèrent l'Europe, où ils vivaient depuis des siècles, pour émigrer en Palestine. Beaucoup arrivèrent après la Seconde Guerre mondiale, durant laquelle 6 millions de Juifs avaient été exterminés par les nazis.

En 1947, l'O.N.U. décida du partage de la Palestine entre Juifs et Arabes palestiniens. Depuis, de nombreux conflits opposent ces deux peuples, et beaucoup d'Arabes palestiniens ont dû fuir dans les pays voisins.

Traditions et coutumes

▸ Pourquoi certains enfants sont-ils baptisés ?

Lorsqu'un enfant reçoit le baptême, il devient membre de l'Église chrétienne. Les chrétiens qui assistent à la cérémonie l'accueillent avec joie parmi eux.

Les parents qui désirent élever leur enfant dans la religion chrétienne doivent le faire baptiser. Généralement, la cérémonie a lieu au début ou à la fin de la messe ou du culte, et souvent plusieurs enfants sont baptisés en même temps. Cela se fait dans la joie, car l'Église est heureuse d'accueillir ces nouveaux chrétiens.

La famille du bébé et les amis entourent les fonts baptismaux. Le prêtre verse de l'eau bénite sur le front du bébé, en faisant le signe de la croix. Il appelle l'enfant par son prénom et lui dit : « Je te baptise, au nom du Père et du Fils et du Saint-Esprit. » Parmi les membres de la famille ou parmi leurs amis, les parents ont choisi un parrain et une marraine. Ceux-ci devront aider et guider l'enfant ; ils veilleront à ce qu'il reçoive une éducation chrétienne.

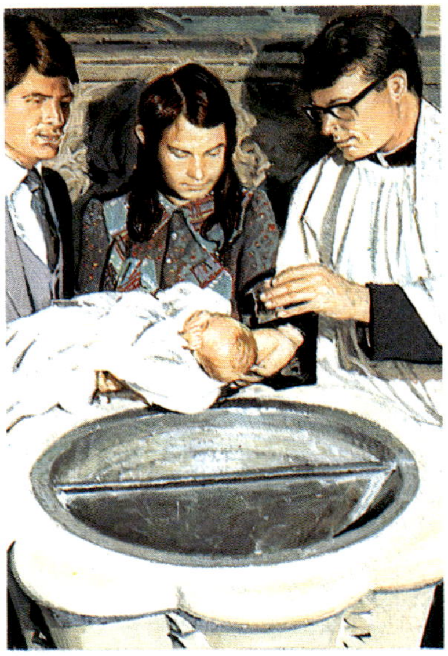

▴ Pourquoi se marie-t-on ?

Généralement, dans les pays occidentaux, un homme et une femme se marient parce qu'ils s'aiment. Ils décident de vivre ensemble. Mais dans certains pays, comme l'Inde, les mariages sont arrangés par les familles. Ce sont les parents qui choisissent un mari pour leur fille, une femme pour leur fils.

Lors de la cérémonie du mariage, les deux fiancés promettent de s'aimer et de veiller l'un sur l'autre toute leur vie. Ils acceptent solennellement de se prendre pour époux et, souvent, ils échangent des alliances.

Dans la plupart des pays, on peut choisir à la fois un mariage civil et un mariage religieux. En Occident, la cérémonie religieuse a lieu en présence d'un prêtre, d'un pasteur ou d'un rabbin.

Dans certains pays, la tradition veut que la fiancée apporte une dot, c'est-à-dire de l'argent ou des biens. Dans d'autres pays, c'est le fiancé qui doit remettre à la famille de la future épouse une certaine somme d'argent.

Les noces donnent lieu à de grandes réjouissances. Les invités apportent des cadeaux et souhaitent beaucoup de bonheur aux jeunes mariés. La mariée porte une robe magnifique qu'elle ne remettra jamais plus et, souvent, de beaux bijoux.

► Pourquoi fait-on des funérailles ?

Lorsque quelqu'un vient de mourir, le jour même ou quelques jours après, on lui fait des funérailles. Cette cérémonie d'adieux permet aux parents et aux amis d'exprimer leur chagrin.

Habituellement, on enterre les morts dans un cimetière. La famille et les amis du défunt entourent la tombe tandis qu'on y descend le cercueil.

En Europe, l'incinération est de plus en plus fréquente : après une courte cérémonie, le corps, dans son cercueil, est brûlé à l'intérieur d'un four crématoire.

La cérémonie des funérailles varie beaucoup d'une région du monde à l'autre. Par exemple, en Inde, le mort est brûlé sur un bûcher funéraire dressé en plein air. Dans les pays de religion musulmane, le mort, enveloppé dans un linceul, doit être enterré très vite, dans la journée.

La plupart des sociétés accordent une grande importance aux funérailles.

▼ Pourquoi les chrétiens vont-ils communier ?

La veille de sa mort, le Christ partagea un repas avec ses disciples. Il prit du pain, le rompit et le leur donna en disant : « Ceci est mon corps. » Et il ajouta : « Faites ceci en mémoire de moi. »

Lorsque le prêtre donne aux fidèles la communion, il leur donne une hostie, faite de pain sans levain. Mais, pour les catholiques, l'hostie n'est pas du pain : c'est le corps du Christ.

Les protestants communient en mangeant du pain et en buvant un peu de vin à la coupe que tient le pasteur. Pour eux, il ne s'agit pas là du corps et du sang du Christ : la communion rappelle simplement le dernier repas du Christ avec ses disciples.

► Pourquoi les chrétiens vont-ils à l'église ou au temple le dimanche ?

Pour les chrétiens, le dimanche est le jour du Seigneur. Ce jour-là, les catholiques vont à la messe et les protestants assistent au culte.

La Bible raconte que Dieu créa, en six jours, le ciel et la terre. Alors, il se reposa et fit du septième jour un jour saint. Plus tard, Dieu confia à Moïse dix commandements. Moïse rassembla alors le peuple juif et lui dit : « Voici ce que Dieu a dit de faire. Pendant six jours on se livrera au travail, mais le septième sera pour vous un jour saint, un jour de repos complet consacré à Dieu. » Chez les juifs, ce septième jour est le jour du sabbat (*sabbat* veut dire « repos »). Le jour du sabbat est, encore aujourd'hui, le samedi.

Les chrétiens, eux, ont fait du dimanche leur jour saint. S'ils pensent à Dieu tous les jours, c'est le dimanche qu'ils se rassemblent, à l'église ou au temple, pour assister à la messe ou au culte.

Chez les musulmans, c'est le vendredi qu'on cesse de travailler pour aller, à midi, faire la prière en commun à la mosquée.

◂ Pourquoi fêtons-nous le Jour de l'An ?

Le Jour de l'An est l'occasion d'un nouveau départ. Il semble qu'on laisse derrière soi ses erreurs, ses mauvais souvenirs.

La nuit de la Saint-Sylvestre, qui précède le Jour de l'An, est l'occasion de grandes réjouissances. Lorsque sonnent les douze coups de minuit, on lève son verre, on s'embrasse. Souvent, les cloches des églises sonnent à toute volée.

Dans la plupart des pays du monde, la nouvelle année commence maintenant le 1er janvier. Mais il n'en a pas toujours été ainsi. Par exemple, en Angleterre, on a gardé jusqu'en 1752 la coutume de faire commencer l'année le 25 mars. Si beaucoup de pays ont fini par adopter, pour plus de facilité, la date officielle du 1er janvier, ils continuent pourtant de suivre leur calendrier traditionnel pour la célébration des anciennes fêtes. Chez les juifs, la nouvelle année commence en automne, avec la fête de Rosh Hashanah. Débutent alors dix jours de pénitence qui s'achèvent avec la grande fête de Yom Kippour (jour du Pardon).

▸ Qu'est-ce que le carême ?

Autrefois, pendant le carême, les chrétiens devaient jeûner, c'est-à-dire manger très peu, et donner aux pauvres la nourriture qu'ils mettaient ainsi de côté. Maintenant, les chrétiens, durant cette période, consacrent simplement davantage de temps à la prière et à la lecture de la Bible.

Le carême commence le lendemain du Mardi gras ; il se termine à Pâques. Les 40 jours du carême rappellent la période de prière et de jeûne que Jésus passa dans le désert avant de commencer à prêcher.

La Bible raconte que Jésus resta 40 jours et 40 nuits sans manger. Après quoi il eut faim. Le diable vint alors le tenter. Il lui dit : « Si tu es le Fils de Dieu, ordonne à cette pierre de se changer en pain. » Il lui proposa encore la puissance et la gloire. Mais Jésus repoussa toutes les tentations.

Durant le carême, les chrétiens essaient d'aimer davantage les autres.

► Noël : pourquoi le 25 décembre ?

C'est à Noël que les chrétiens célèbrent la naissance de Jésus-Christ. La Bible raconte que Jésus est né une nuit, à Bethléem, dans une étable. Mais on ignore la date exacte de sa naissance. Alors pourquoi célèbre-t-on Noël le 25 décembre ?

Bien avant la naissance du Christ, le 25 décembre était une grande fête païenne appelée « Naissance du Soleil ». En effet, à cette époque de l'année, les jours allongent de nouveau et le Soleil semble reprendre vie. Or la Bible appelle le Christ la « Lumière du monde ». A partir du IVᵉ siècle, on prit l'habitude de faire du 25 décembre la grande fête de la Lumière, célébrant en même temps la naissance du Christ et la renaissance du Soleil, mélangeant fête chrétienne et fête païenne.

Naquit alors la tradition de la messe de minuit. Au Moyen Age, on imagina de représenter la « crèche » par des spectacles ou de petites statuettes.

Noël devint vite la plus populaire des fêtes chrétiennes.

▲ Pourquoi y a-t-il des arbres de Noël ?

A Noël, en Europe et en Amérique du Nord, un arbre illuminé, chargé de guirlandes et de cadeaux, décore la plupart des maisons.

La tradition de décorer rues et maisons à Noël vient des fêtes païennes du milieu de l'hiver. Les Romains garnissaient alors leurs temples de verdure. Les druides gaulois coupaient du gui, tandis que les Germains utilisaient du houx, du lierre, du laurier.

Quant au sapin de Noël, il est originaire d'Allemagne, pays de grandes forêts de conifères. C'est, dit-on, Luther, au XVIᵉ siècle, qui aurait pour la première fois illuminé de bougies un sapin. En France, la coutume ne s'en est répandue qu'au XIXᵉ siècle, mais elle y est vite devenue très populaire.

Aujourd'hui, les guirlandes électriques remplacent les bougies, mais le sapin demeure le symbole de Noël.

◄ Pourquoi les chrétiens fêtent-ils Pâques ?

Pâques est la plus grande fête chrétienne : c'est la fête du Christ revenu à la vie : la Résurrection. Ce jour-là, les cérémonies sont très solennelles et les chrétiens remplis de joie.

Durant les semaines de pénitence et de prière du carême, les chrétiens se préparent à commémorer, le Vendredi saint, la mort du Christ. Cloué sur une croix, le Christ mourut dans de grandes souffrances.

Après sa mort, on ensevelit son corps dans un tombeau. Trois jours après, dit la Bible, deux femmes se rendirent au tombeau. Il était vide... Comme il l'avait promis, Jésus était ressuscité, il était revenu à la vie !

Ce fut une immense joie pour les amis du Christ. Et cette joie, les chrétiens la ressentent en eux le jour de Pâques : le Christ est vivant.

▼ Pourquoi les musulmans prient-ils tournés vers La Mecque ?

Le prophète Mahomet, qui a fondé la religion de l'islam, est né à La Mecque. Cette ville est maintenant le grand Lieu saint de l'islam. Médine, où se trouve le tombeau du Prophète, reçoit elle aussi de très nombreux pèlerins.

Tout musulman doit obligatoirement faire la prière, respecter le jeûne pendant le mois de Ramadan, et se rendre en pèlerinage à La Mecque.

Les musulmans doivent prier cinq fois par jour : à l'aube, à midi, au milieu de l'après-midi, au coucher du soleil et la nuit. La prière en commun n'est obligatoire que le vendredi à midi, dans la mosquée, Dans l'un des murs de la mosquée. une niche — le *mihrab* — indique la direction de La Mecque.

Tout musulman doit faire, si possible, une fois dans sa vie, le pèlerinage à La Mecque. Il dure une semaine. Chaque pèlerin commence par faire sept fois le tour de la *Kaaba* (le « cube »), bâtie, si l'on en croit le Coran, par Abraham.

▲ Pourquoi part-on en pèlerinage ?

Chaque religion a ses lieux saints. S'y rendre en pèlerinage est pour les croyants un acte de foi, parfois accompli comme signe de regret ou de remerciement.

Au Moyen Age, les chrétiens étaient nombreux à partir en pèlerinage. Revêtus d'un manteau, portant une croix à leur cou, ils étaient munis d'un bâton, d'une besace et d'une gourde. Des milliers de pèlerins partaient ainsi à pied, à travers l'Europe, pour se rendre à Rome, à Assise, à Saint-Jacques-de-Compostelle. Là, ils allaient se recueillir sur les tombeaux des saints. Certains même entreprenaient le très long voyage de Jérusalem.

Le pèlerinage était un signe de grande ferveur religieuse. Par la prière, le pèlerin se rapprochait de Dieu, venait lui demander la guérison, ou le pardon de ses péchés.

De nos jours, les gens partent en pèlerinage pour les mêmes raisons. Mais ils ne cheminent plus à pied le long des routes.

▲ Pourquoi les juifs célèbrent-ils la Pâque ?

La Pâque est l'une des cinq grandes fêtes juives. Elle célèbre la délivrance du peuple juif de l'esclavage. La fête dure une semaine. Le premier soir, chaque famille se réunit autour d'un repas rituel.

Il a 3 500 ans environ, les Hébreux (ainsi appelait-on alors le peuple juif) vivaient en Égypte. Mais les Égyptiens les traitaient très durement et les pharaons les accablaient de travaux. Alors, les Hébreux décidèrent de fuir cet esclavage.

Selon l'Ancien Testament, Dieu, pour punir les Égyptiens, fit mourir tous leurs premiers-nés, en prenant soin d'épargner les enfants des Hébreux. Sous la conduite de Moïse, les Hébreux s'enfuirent alors d'Égypte. Pendant de longues années, ce fut l'Exode, à travers le désert du Sinaï. Moïse mourut alors qu'ils allaient entrer en Palestine — cette « Terre promise » que Dieu, disaient-ils, leur avait donnée.

La Pâque rappelle et célèbre cet épisode important de l'histoire du peuple juif.

▲ Pourquoi les hindous honorent-ils plusieurs dieux ?

Les hindous croient en une divinité suprême, présente en toutes choses, Brahma, entourée de deux grands dieux, Vichnou et Çiva, et d'une multitude de divinités moins importantes.

L'hindouisme est la principale religion de l'Inde. Brahma a créé le monde. Vichnou veille à la conservation de l'univers. Çiva, lui, le détruit pour le transformer. Il a pour épouse la déesse Parvati. Chaque dieu a plusieurs aspects. Par exemple, Çiva protège les âmes, mais aussi les troupeaux. Il est encore le dieu de la Musique. Dans certaines régions de l'Inde, il est également le dieu de la Danse. Des dieux moins importants vivent dans les collines, les cours d'eau, les arbres et les plantes, les animaux. Chaque hindou choisit un dieu auquel il rend hommage en lui offrant de l'eau, des fleurs, des lumières, des graines ou des gâteaux. Mais cela ne veut pas dire qu'il rejette les autres dieux.

▼ Pourquoi hindous et bouddhistes pratiquent-ils la méditation ?

La méditation joue un rôle important dans les religions de l'Extrême-Orient. Elle concerne à la fois le corps et l'esprit. Il s'agit d'arriver à être maître de son corps pour atteindre à la sagesse.

Chez les hindous, on parvient à la méditation en pratiquant le yoga. Le yoga permet d'oublier le monde extérieur, de penser fortement

à certaines idées ou à certaines images, ou même de ne penser absolument à rien.

Chez les bouddhistes, la méditation est une étape importante dans la « Voie de la Délivrance ». Elle permet d'apaiser l'esprit, d'arriver à la sérénité : on ne ressent plus alors ni joie ni douleur, on devient indifférent au monde.

Depuis quelques années, nombreux sont les Occidentaux qui trouvent que la méditation les aide à mieux supporter les dures contraintes de la vie quotidienne.

▼ Pourquoi les mosquées ont-elles un minaret ?

Un minaret est une tour qui domine la mosquée. Du haut du minaret, cinq fois par jour, le *muezzin* appelle les musulmans à la prière.

L'appel à la prière se fait selon des règles très précises. Chaque fois, du haut du minaret, le muezzin répète, dans le même ordre, les mêmes phrases. Tourné vers La Mecque, il se bouche les oreilles de ses deux index.

A l'appel du muezzin, chaque musulman se recueille. Il cesse son travail, s'arrête de marcher dans la rue. Tantôt en s'inclinant, tantôt en se prosternant, il récite des formules très précises.

Lorsque le prophète Mahomet fonda la religion de l'islam, mosquées et minarets n'existaient pas encore. Les juifs appelaient le peuple à se rassembler en soufflant dans une trompette. Les chrétiens, eux, sonnaient une cloche. Mahomet, lui, ordonna à ses disciples de grimper sur le toit le plus élevé pour appeler les croyants à la prière.

◄ Pourquoi certaines femmes musulmanes sont-elles voilées ?

Dans les pays musulmans, nombreuses sont encore les femmes qui s'enveloppent d'un voile lorsqu'elles sortent de leur maison. En effet, la coutume interdit que les hommes voient leur visage.

Dans la société musulmane traditionnelle, hommes et femmes vivent séparés. A la maison, les femmes ne découvrent leur visage que devant les parents et les voisins. Parfois, les femmes occupent certaines pièces dont l'accès est interdit aux hommes.

Dans la tradition musulmane, certaines lois protègent la femme : elle possède des biens qui lui sont personnels et qu'elle peut garder en cas de divorce.

Dans des pays comme la Tunisie, ces coutumes ont tendance à disparaître. Mais au Yémen, par exemple, elles sont restées presque intactes.

► Pourquoi les Écossais portent-ils des tartans ?

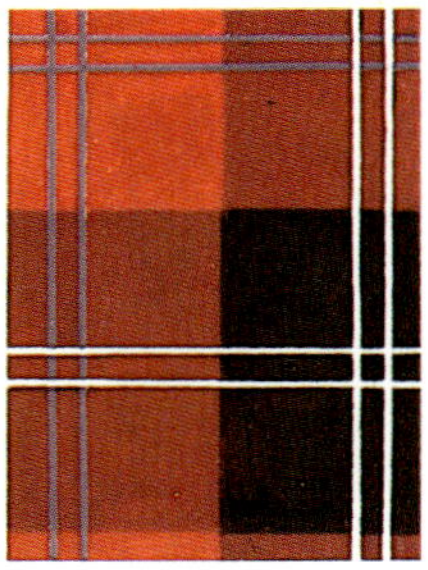

En Écosse, chaque clan avait son tartan. Un tartan est une étoffe de laine décorée de bandes, plus ou moins larges, de différentes couleurs, qui se croisent pour former un « tissu écossais ».

Le costume national des Écossais comporte d'abord le *kilt*. Il s'agit d'une jupe plissée qui arrive aux genoux. Le *plaid* est une couverture de laine qui sert de manteau.

Les Écossais portent également un béret, de solides chaussures de cuir cru et, sur le devant du kilt, une bourse en peau.

C'est en 1707 que les deux royaumes d'Écosse et d'Angleterre furent réunis. Mais, après la révolte de 1746 au cours de laquelle les Écossais tentèrent de recouvrer leur indépendance, le port des tartans fut interdit pendant quarante ans. Quand la reine Victoria les remit en honneur, ils retrouvèrent le succès.

► Pourquoi les sikhs portent-ils un turban ?

Un turban est un long foulard de soie ou de coton enroulé autour de la tête. En Inde, les hommes qui appartiennent à la secte des sikhs ne doivent jamais se montrer en public sans turban.

Le turban protège de la chaleur du soleil. Mais il appartient aussi aux coutumes religieuses et sociales de l'Inde. Sa taille, sa forme, sa couleur varient avec le rang et le métier de celui qui le porte. Un turban orné d'un bijou implique quelqu'un de haut rang.

Les sikhs doivent prêter le serment de respecter la règle des cinq « k ». Sous leur turban, les hommes doivent garder les cheveux longs *(kes)* : jamais ils ne les coupent, pas plus qu'ils ne se rasent la moustache et la barbe. Ils doivent porter le pantalon *(kach)*, un bracelet de fer *(kara)*, une épée *(kirpan)* et un peigne *(kangha)* pour maintenir en place leur longue chevelure.

Actuellement, la communauté des sikhs compte plus de 10 millions de membres.

► Pourquoi utilise-t-on des cosmétiques ?

Depuis des milliers d'années, les hommes et les femmes utilisent des cosmétiques pour accroître leur beauté, et par souci d'hygiène et de santé.

Comme le montre l'image, les cosmétiques étaient très utilisés dans l'Égypte ancienne. De jolis pots, de ravissantes bouteilles contenaient des huiles odorantes et des parfums. On se peignait le visage de couleurs vives, on colorait ses paupières, et on se noircissait les cils et les sourcils avec du *kohl*. (Le kohl est aujourd'hui encore très utilisé.)

Dans certaines tribus primitives, les hommes et les femmes peignent leur visage et leur corps de motifs aux couleurs éclatantes. Quelquefois, ces peintures indiquent le haut rang auquel ils appartiennent.

Enfin, on peut utiliser des cosmétiques pour être plus séduisant, et pour entretenir sa peau et ses cheveux. De nos jours, les cosmétiques sont assez bon marché, car on les fabrique à partir de produits synthétiques.

▲ Porter un uniforme : pourquoi ?

Un uniforme permet de savoir tout de suite à qui on a affaire. L'uniforme peut aussi imposer un certain respect envers celui qui le porte et envers ce qu'il représente. Enfin, un uniforme peut servir à protéger.

Certains métiers exigent le port d'un uniforme. Par exemple, les hôtesses de la compagnie Air France sont toutes habillées de la même façon. Certains uniformes renforcent l'autorité de la personne qui les porte : l'uniforme du policier fait naître le respect et rassure.

Les uniformes militaires servent à la fois à protéger et à reconnaître les soldats.

Ceux qui font un métier dangereux ont besoin d'une protection particulière. Les pompiers, par exemple, portent des vêtements et un casque capables de les protéger d'une très forte chaleur.

◄ Pourquoi aime-t-on les bijoux ?

Les bijoux sont faits pour embellir, pour rendre plus séduisant. Porter de précieux bijoux est un signe de richesse.

Depuis des millénaires, les hommes et les femmes portent des bijoux. A présent, les bijoux sont le plus souvent purement décoratifs. Mais il n'en a pas toujours été ainsi : certains bijoux, comme les agrafes, les fibules, furent d'abord des objets utiles, indispensables à l'habillement ; progressivement, ils devinrent plus finement travaillés, plus richement ornés.

On a cru longtemps que certains bijoux avaient des vertus magiques et protégeaient ceux qui les portaient. Aujourd'hui encore, dans certaines sociétés, on porte autour du cou des amulettes, des talismans qui, croit-on, portent bonheur. Seuls les gens riches peuvent s'offrir des bijoux faits de métaux précieux comme l'or ou l'argent, ou de pierres précieuses comme les diamants.

▼ Pourquoi utilise-t-on du savon ?

Le savon, comme les détergents, est fait pour rendre propre. Nous l'utilisons pour laver notre corps, pour laver le linge et la vaisselle.

On obtient le savon en faisant bouillir, dans le même chaudron, des graisses animales ou végétales et de la soude. On ajoute ensuite de l'eau salée pour séparer le savon du mélange obtenu. Le savon est alors refroidi dans des moules, avant d'être coupé en morceaux, ou d'être transformé, par exemple, en savon à barbe.

Pour fabriquer des savonnettes, on ajoute au savon brut divers produits : de l'huile de coprah pour le faire mousser davantage, des colorants, des parfums, des produits adoucissants et des germicides — minuscules substances qui tuent les microbes.

Le savon mousse peu dans l'eau calcaire. Mais les détergents, eux, n'ont pas cet inconvénient. Il s'agit de produits chimiques beaucoup plus efficaces que le savon, que l'on obtient le plus souvent à partir du pétrole.

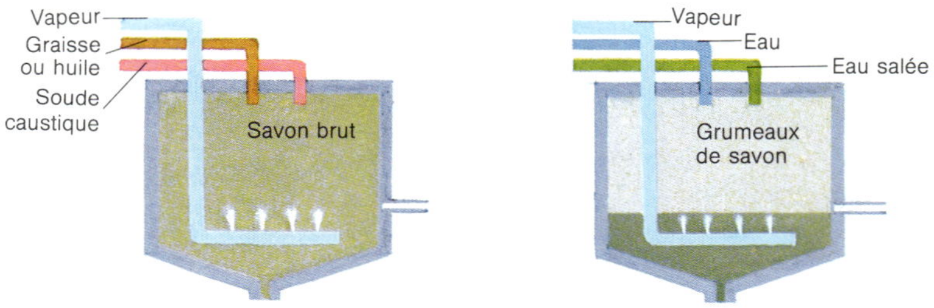

▲ Pourquoi utilise-t-on des parfums ?

Lorsqu'on se parfume, c'est pour sentir bon, pour être plus séduisant. Mais autrefois, les parfums servaient surtout à dissimuler les mauvaises odeurs. A la cour du roi Louis XIV, si on se parfumait beaucoup, c'est qu'on ne se lavait guère.

Le mot parfum vient du latin *per fumum,* qui veut dire « à travers la fumée ». En effet, on employa d'abord des bois (comme le santal) et des gommes (comme l'encens) qui, en brûlant, répandaient une odeur agréable.

Un parfum est une essence aromatique que l'on extrait, par distillation, de fleurs ou de végétaux. Actuellement, les parfums sont composés d'un mélange d'essences naturelles de fleurs, d'essences synthétiques et d'alcool ; on ajoute au mélange un « fixatif » qui permet au parfum de garder son odeur. Certains ingrédients sont d'origine animale : ainsi le musc, la civette, le castoréum (extrait du castor) et l'ambre gris (extrait du cachalot).

▲ Pourquoi se couvre-t-on la tête ?

Les chapeaux protègent du soleil ou du mauvais temps, et les casques des accidents. Mais bien souvent on porte aussi un chapeau, comme tout autre vêtement, par simple coquetterie.

Un choc brutal à la tête peut être très dangereux. Aussi le port d'un casque est-il obligatoire pour les ouvriers des mines ou des chantiers de construction, de même que pour les motocyclistes.

Pour se protéger du froid ou du grand soleil, les coiffures les plus diverses ont été imaginées : de la chapka russe au sombrero mexicain.

Mais en dehors de son rôle utilitaire, le chapeau a été au cours des siècles, pour les femmes, élément de parure ; pour les hommes, souvent, l'attribut d'une fonction, d'une dignité, d'une classe sociale, d'un métier : ainsi le haut-de-forme du bourgeois au XIXe siècle... ou la coiffure de plumes du grand chef indien. Cet usage du chapeau tend à disparaître, mais la toque du magistrat... ou celle du cuisinier en sont des survivances.

▲ Pourquoi met-on des chaussures ?

Les chaussures ont des formes très variées. Elles peuvent être faites de matériaux très divers : cuir, toile, bois... Mais toutes protègent les pieds du froid, du sable trop chaud ou des aspérités du sol...

Les premières chaussures furent les sandales, faites d'abord de paille ou de papyrus tressé, puis de cuir. Elles convenaient parfaitement aux pays chauds, mais elles étaient peu adaptées aux climats plus froids.

Le cuir a toujours été le matériau le plus couramment utilisé. Actuellement, on emploie aussi des matières synthétiques comme le plastique.

Chaussures et bottes peuvent être aussi élégantes que pratiques. Leurs styles sont très variés : le cuir peut être artistement travaillé ou uni ; le bout peut être rond ou pointu, les talons hauts ou plats. Aujourd'hui, à l'exception de quelques paires très coûteuses, les chaussures ne sont plus faites à la main par des artisans, mais à la machine dans des usines.

▼ Pourquoi certaines personnes sont-elles tatouées ?

Un tatouage est un dessin sur la peau. Pour faire un tatouage, on enfonce profondément une aiguille sous la peau ; et, dans chaque piqûre, on met un colorant que rien ne pourra faire disparaître.

En Extrême-Orient et dans les îles du Pacifique, le tatouage est un art très ancien. (Le mot tatouage vient du mot tahitien *tatoo*.) Mais, en Europe, il est resté très longtemps inconnu. Au XVIIIe siècle, des marins entreprirent de grands voyages d'exploration ; et, pour la première fois, des Européens rencontrèrent des hommes tatoués.

Depuis, de nombreux marins et certains soldats se tatouent les bras et le corps. Parfois, ils le regrettent, car il leur faudra porter ces marques toute leur vie...

En Asie ou en Afrique du Nord, les tatouages servent souvent de remède magique contre la maladie, la mort, contre le mauvais sort. En Birmanie, par exemple, il arrive que le corps soit entièrement couvert de tatouages. Et, chez de nombreux peuples, on pense que le tatouage donne aux femmes une grande beauté.

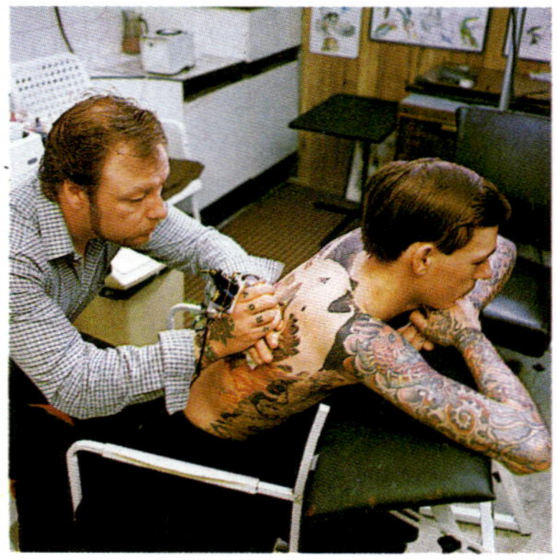

▼ Pourquoi y a-t-il tant de styles de coiffure ?

Chacun choisit son style de coiffure en fonction de la mode et de la nature de ses cheveux. En effet, on peut avoir des cheveux courts et crépus, raides et fins, ou encore épais et bouclés.

Pour être à la mode, ou pour afficher son originalité, la façon de se coiffer est aussi importante que la façon de s'habiller. Et les styles de coiffure varient autant que les modes vestimentaires. Ainsi, au XVIIe et au XVIIIe siècle, beaucoup d'aristocrates et de bourgeois portaient une perruque.

Mais la coiffure peut aussi traduire une manière de penser et de vivre. Par exemple, au début du XVIIe siècle, en Angleterre comme en France, beaucoup d'hommes portaient leurs cheveux mi-longs, jusqu'aux épaules. Mais les puritains, qui pratiquaient une religion très sévère, voyaient cela d'un mauvais œil et coupaient leurs cheveux très courts. C'est pourquoi on les appelait les « Têtes rondes ».

De nos jours, la coiffure est une affaire de goût personnel.

Arts, sports et loisirs

▲ Pourquoi les hommes font-ils de la musique ?

La musique est l'un des principaux moyens dont dispose l'homme pour exprimer ses sentiments et ses pensées. Même sans le moindre chant, sans la moindre parole, la musique peut exprimer avec force la joie, l'enthousiasme ou la tristesse.

La musique est un ensemble de sons. On peut distinguer le rythme, l'harmonie et la mélodie. La musique peut n'utiliser qu'une seule de ces trois composantes, ou bien les assembler de toutes sortes de façons. Il peut s'agir d'une simple berceuse, ou d'un opéra extrêmement difficile, avec plusieurs dizaines de chanteurs et d'instruments.

On peut faire de la musique avec la voix, avec des claquements de mains, en frappant le sol de ses pieds, ou en utilisant des instruments de musique. Ceux-ci vont du triangle ou du simple tambour au synthétiseur capable d'imiter le son de plusieurs instruments.

▼ Pourquoi Haydn a-t-il composé la *Symphonie des adieux* ?

Franz Joseph Haydn (1732-1809) resta longtemps au service des princes hongrois Esterházy. Il s'occupait de la vie musicale à la cour princière. Il écrivit la *Symphonie des adieux* pour faire aimablement comprendre au prince que les musiciens de l'orchestre avaient besoin de prendre du repos. Lorsque la symphonie approche de sa fin, les musiciens, les uns après les autres, déposent leur instrument et quittent furtivement la scène, où ne restent, au bout du compte, que deux violons.

Haydn est souvent considéré comme le « père de la symphonie ». En fait, il n'a pas inventé cette forme musicale, mais il l'a beaucoup fait évoluer. Il lui a donné quatre mouvements, et il a été le premier à répartir les instruments de l'orchestre symphonique en trois grands groupes : les instruments à cordes, les instruments à vent, et les instruments à percussion. Son influence sur les musiciens du XVIIIe et du XIXe siècle a été considérable. Mozart fut un ami très proche, et Beethoven son élève.

Les œuvres de Haydn sont très nombreuses. Outre 108 symphonies, il a composé des opéras, des oratorios, des messes, des concertos, des sonates pour piano et des quatuors à cordes.

► Pourquoi les danseuses portent-elles des chaussons ?

Si les ballerines portent des chaussons de satin à bout large et dur, c'est pour garder leur équilibre lorsqu'elles font des « pointes » — c'est-à-dire lorsqu'elles dansent sur la pointe des pieds.

Faire des pointes demande beaucoup de travail, beaucoup de métier. En général, les jeunes danseuses ont déjà au moins deux années d'expérience lorsqu'elles commencent à s'entraîner à ce pas très difficile. Pour les premiers exercices, elles s'appuient sur une barre. Par la suite, elles s'entraînent au milieu de la piste, sans appui.

A l'origine, seuls des hommes dansaient dans les ballets. C'est seulement à partir de 1681 que les femmes commencèrent à apparaître sur la scène. Le roi Louis XIV manifestait alors un grand intérêt pour le ballet. Élevant la danse au rang d'un grand art, il créa l'Académie royale de danse où s'entraînaient aussi bien des femmes que des hommes.

► Pourquoi y a-t-il des chefs d'orchestre ?

Un grand orchestre peut compter jusqu'à cent musiciens, et même davantage. Il est indispensable qu'un chef d'orchestre veille à ce que tous les musiciens jouent en mesure.

De nos jours, un grand orchestre classique comporte habituellement 90 instruments, répartis en trois grands groupes : les instruments à cordes, les instruments à vent (bois et cuivres) et les instruments à percussion.

Dans un concert, les instruments jouent rarement tous à la fois. En général, chaque musicien n'intervient qu'à certains moments, et c'est le chef d'orchestre qui lui fait signe lorsqu'il doit commencer ou cesser de jouer.

C'est aussi le chef d'orchestre qui fait répéter l'ensemble des musiciens avant le concert, jusqu'à ce que l'exécution soit parfaite. C'est lui qui veille à ce que la partition soit respectée. Selon son tempérament, il amène l'orchestre à interpréter l'œuvre avec plus ou moins de douceur ou de vigueur.

▲ Pourquoi, avant un concert, entend-on un hautbois ?

Le son du hautbois ne change jamais de hauteur. Aussi tous les musiciens de l'orchestre peuvent-ils s'accorder. Avant chaque concert, un hautbois donne le *la*. Le reste de l'orchestre se met au diapason, joue cette note.

Le hautbois est un instrument à vent taillé dans un bois très dur. Le son du hautbois est un son nasal très mélancolique. Comme pour tous les instruments à vent (sauf la flûte), le musicien souffle dans une embouchure à anche. L'anche est une languette que le souffle du musicien fait vibrer.

Le hautbois a une anche double.

Le corps creux du hautbois contient une colonne d'air. Quand le musicien souffle à travers l'anche double, la colonne se met elle aussi à vibrer, et c'est cette vibration qui produit le son. Le hautbois est percé de trous. Quand le musicien bouche tel trou ou tel autre, la longueur de la colonne d'air varie. Plus la colonne est longue, plus le son est grave ; plus elle est courte, plus le son est aigu.

◄ Pourquoi les acteurs se maquillent-ils ?

Avant d'entrer en scène, les acteurs se maquillent pour mettre en valeur les traits de leur visage, ou pour en modifier l'aspect et l'adapter au rôle qu'ils doivent jouer.

Le maquillage peut accentuer les traits naturels d'un visage, ou au contraire aboutir à une véritable transformation. Au théâtre, les comédiens fardent souvent leurs yeux, leurs lèvres de façon assez marquée pour mieux faire ressortir leurs expressions. Sans cela, la distance de la scène rendrait leur visage extrêmement pâle.

Au cinéma, le maquillage est beaucoup plus nuancé. Pour les gros plans, il permet d'obtenir un teint plus lisse, plus uni, de rendre les visages plus « photogéniques ». Pour donner à un acteur l'aspect d'un vieillard ridé, il faut un maquillage très épais. C'est dans les films d'horreur et de science-fiction que le maquillage est le plus spectaculaire : balafres, visages effrayants, personnages monstrueux ; c'est souvent l'œuvre de grands artistes.

► Pourquoi y a-t-il des metteurs en scène ?

Le travail du metteur en scène ressemble à celui du chef d'orchestre. Il dirige les répétitions et aide les acteurs à bien interpréter leurs rôles. Il part d'un scénario pour aboutir à un film : c'est lui qui organise, qui coordonne les différentes phases du tournage, du montage.

Un metteur en scène ne doit jamais oublier le public. Au théâtre, c'est lui qui dirige les décorateurs, l'équipe chargée des éclairages et du son, pour que les décors et la mise en scène paraissent authentiques.

Le metteur en scène d'un film travaille toujours en étroite collaboration avec le scénariste pour changer tel dialogue, ou telle scène, si cela paraît nécessaire. C'est le metteur en scène qui choisit les acteurs et distribue les rôles.

Il est important qu'un film soit prêt à la date fixée et ne dépasse pas le budget prévu. Le producteur, qui finance le film et s'occupe de la publicité, y veille de près aux côtés du metteur en scène.

◄ Pourquoi Ulysse s'est-il fait attacher au mât de son navire ?

Lorsque son navire approcha de l'île des Sirènes, Ulysse eut envie d'entendre leur chant mélodieux. La voix des Sirènes était ensorcelante. Lorsqu'ils l'entendaient, les marins, sous le charme, plongeaient dans la mer et s'y noyaient.
Ulysse demanda à ses compagnons de l'attacher solidement au mât de son navire. Ainsi pourrait-il écouter les Sirènes sans risques.

Ulysse ordonna qu'on ne le délie sous aucun prétexte. Ses compagnons se bouchèrent les oreilles avec de la cire et continuèrent de ramer. Le navire longea l'île. La voix enchanteresse des Sirènes frôla les vagues. Ensorcelé, Ulysse essaya de briser ses liens. En hurlant, il supplia ses compagnons de le délivrer. Mais ceux-ci obéirent à ses ordres : lorsqu'ils le détachèrent, le navire avait déjà gagné le large.

▸ Pourquoi Michel-Ange a-t-il mis 4 ans pour peindre une fresque ?

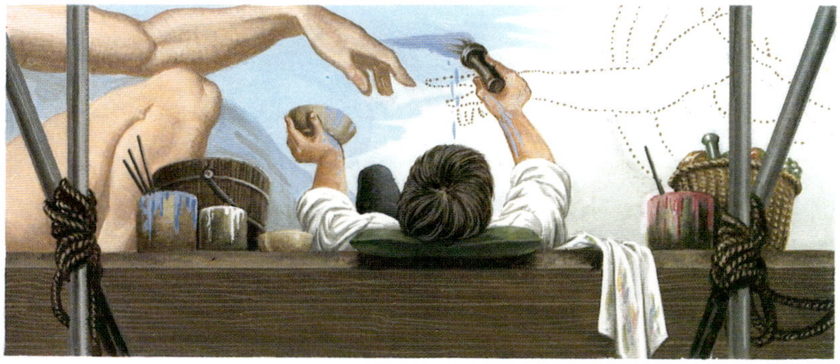

Michel-Ange a peint, dans la chapelle Sixtine de Rome, une fresque gigantesque. Elle lui a demandé quatre ans de travail.

En 1508, Michel-Ange entreprend la décoration du plafond de la chapelle Sixtine. Pour atteindre la voûte de la chapelle, il a fait dresser de très hauts échafaudages. Chaque jour, il doit se hisser à leur sommet et ramper jusqu'au lieu de son travail. Là, il peint, étendu sur le dos. Dans cette position inconfortable, il applique les couleurs sur le plâtre humide, avant qu'il ne sèche.

Michel-Ange a divisé le plafond en neuf parties. Chacune est consacrée à un épisode de l'Ancien Testament. La première scène représente la Création et la dernière le Déluge.

◂ Pourquoi la Joconde sourit-elle ?

L'étrange sourire de Mona Lisa (que l'on appelle le plus souvent la Joconde) a fait de ce portrait le plus célèbre tableau de Léonard de Vinci. Pendant que la jeune femme posait comme modèle, Léonard de Vinci faisait venir des musiciens, des singes, des bouffons pour l'amuser.

Le grand talent de Léonard de Vinci a su donner au visage de Mona Lisa une grâce exquise. Le portrait semble aussi vivant que la belle jeune femme qui a servi de modèle. Bien que Léonard de Vinci ait travaillé plus de quatre années à ce tableau, il l'a probablement laissé inachevé.

Léonard de Vinci fut un véritable génie. On peut difficilement le comparer à un autre homme de son temps. Il excella dans tout ce qu'il entreprit. Poussé par une inlassable curiosité, il exerça ses talents dans les domaines les plus divers : dessin, peinture, sculpture, architecture, invention de machines extraordinaires... Il fut un grand artiste, mais aussi un ingénieur et un savant.

▸ Pourquoi parle-t-on quelquefois de peinture « abstraite » ?

Parfois, le sujet d'un tableau n'est pas facile à reconnaître. Il arrive aussi que le peintre n'ait pas eu l'intention de représenter un objet, un personnage concret. On parle alors de peinture « abstraite ».

Un tableau abstrait est un assemblage de formes et de couleurs né de l'imagination du peintre, sans rapport avec la réalité.

L'art abstrait a fait sa première apparition avant la Première Guerre mondiale. Depuis, il s'est largement répandu. Le tableau ci-contre est celui d'un peintre néerlandais, Piet Mondrian.

Dans l'art abstrait, les peintres essaient souvent d'exprimer des sentiments. Lorsqu'un artiste tente de dépeindre la colère avec simplement des couleurs et des formes, sa toile ressemble un peu à un morceau de musique. Nous ne pouvons rien y reconnaître, mais nous ressentons, en la contemplant, une émotion proche de celle éprouvée lors d'un concert.

◄ Pourquoi y a-t-il des clowns dans les cirques ?

Ce qui fait l'attrait du cirque, c'est l'adresse et l'audace incroyables de ses acrobates, de ses artistes, qui font frémir les foules. Lorsque la tension monte trop chez les spectateurs, les clowns font irruption sur la scène pour les faire rire.

Oleg Popov, du Cirque de Moscou, est l'un des plus grands clowns actuels. Il est aussi célèbre en Europe et en Amérique qu'en U.R.S.S.

La plupart des clowns revêtent un costume extravagant dans lequel ils flottent ; ils se peinturlurent le visage et portent une perruque. Popov, lui, se déguise et se maquille beaucoup moins.

Quel rôle joue-t-il ? Celui du lourdaud qui essaie d'imiter les célèbres écuyers et les grands acrobates. Il s'y efforce si bien qu'il semble près de réussir. Et puis, tout à coup, il rate lamentablement son numéro. Et les spectateurs s'écroulent de rire !

En réalité, Popov est un jongleur et un funambule aussi adroit que beaucoup d'autres artistes du cirque...

▲ Pourquoi les cirques ont-ils une piste circulaire ?

Les artistes du cirque font leurs numéros sur une piste circulaire pour que tous les spectateurs puissent les voir et pour qu'on puisse vérifier qu'il n'y a aucun trucage.

Traditionnellement, la piste d'un cirque a 13 mètres de diamètre. Il en est ainsi depuis le XVIIIe siècle. Philip Astley fut le premier à imaginer, en 1768, le cirque tel qu'il est actuellement, avec sa piste. Il s'aperçut que s'il faisait galoper ses chevaux en suivant un cercle assez étroit, la force centrifuge l'aidait à se tenir en équilibre debout sur ses chevaux. Il calcula le diamètre le plus commode. D'autres écuyers l'imitèrent et, à Paris, la famille Franconi construisit son « Cirque olympique », sur ce modèle.

Le mot cirque fut utilisé pour la première fois en 1782, lors d'un spectacle donné par des écuyers. Il tire son origine du *circus* romain, de forme circulaire, utilisé pour les courses de chars.

► Pourquoi les funambules ont-ils un balancier ?

Lorsqu'il marche sur la corde raide, le funambule tient un long bâton, le balancier, pour garder son équilibre. Quand un enfant marche sur une planche étroite, il écarte les bras. Le balancier sert, en quelque sorte, de longs bras au funambule.

Certains funambules sont de prodigieux artistes : ils se passent de balancier pour exécuter leurs étonnantes prouesses. Le plus célèbre funambule reste sans doute le fameux Blondin (1824-1897) qui se livra en plein air à des acrobaties follement audacieuses. Blondin (de son vrai nom Jean-François Gravelet) a stupéfié le monde en traversant les chutes du Niagara sur une corde raide. La corde, suspendue à 49 mètres au-dessus de l'eau, atteignait 335 mètres d'une rive à l'autre. C'est en 1859 que Blondin réussit son exploit ; mais il le répéta plusieurs fois, avec des variantes qui firent frémir les foules. Une fois, il fit la traversée les yeux bandés !

► Pourquoi les magiciens utilisent-ils des accessoires ?

Sur scène, les magiciens ont souvent recours à de grands chapeaux, à une baguette magique, à des foulards, à une cape. En fait, il ne s'agit pas de magie mais de prestidigitation, de tours de passe-passe.

Le magicien, l'illusionniste, n'a pas d'autre intention que celle de divertir son public. S'il est habile, il peut donner l'impression que ses tours sont véritablement magiques ; en réalité, il ne fait que manipuler les objets d'une façon extraordinairement adroite. Par exemple, un magicien place un pot de fleurs dans une boîte, ferme soigneusement celle-ci de tous côtés et l'entoure d'un foulard. Il ouvre la boîte : les fleurs ont disparu ! Ce ne sont pas, bien sûr, les formules magiques qui les ont fait disparaître, mais un trucage de la boîte. Mais l'habileté de l'illusionniste, la rapidité de ses gestes savent créer une troublante impression de magie. Si les fleurs avaient réellement disparu, le plus étonné aurait été le magicien !

▲ Pourquoi croit-on parfois à la magie ?

Croire à la magie, c'est croire qu'il existe, dans la nature, une force surnaturelle que l'homme peut dompter.

Autrefois, les sorciers-guérisseurs soignaient les maladies à l'aide de plantes médicinales, de gestes et de formules magiques. On pensait que la guérison du malade était due tout autant à leur pouvoir magique qu'aux plantes qu'ils utilisaient. Actuellement, chez certains peuples, les pratiques magiques sont encore courantes.

La magie peut utiliser des potions, des talismans, certaines formules à dire. Elle suit un rituel bien précis. La magie peut agir par imitation : on croit pouvoir obtenir ce que l'on désire très fort en l'imitant. Ainsi, une danse de la pluie apportera la pluie. La magie peut agir aussi par contact : en touchant le malade avec un objet spécial, on calmera sa fièvre. Mais la magie peut également attirer le malheur sur un homme, en transperçant d'une aiguille une statuette qui le représente : c'est l'envoûtement.

◄ Pourquoi y a-t-il des rois et des reines dans le jeu d'échecs ?

Toutes les pièces du jeu d'échecs tirent leur nom de la vie en Europe à la fin du Moyen Age, lorsque le jeu y devint populaire. C'est à la fin du xve siècle qu'il apparut en Italie.

Sans doute le jeu d'échecs est-il né en Inde. Chaque adversaire possédait alors un navire, un cheval, un éléphant, un roi et quatre pions. Le jeu imitait la bataille militaire avec ses attaques, ses retraites, la défense de l'adversaire et sa capture. Au fur et à mesure qu'il se répandait en Iran et que les Arabes l'adoptaient — l'introduisant en Afrique du Nord et en Espagne —, les pièces et les règles du jeu changèrent. A présent, le jeu comporte des rois, des dames, des tours, des fous, des cavaliers et des pions. Les deux pièces les plus importantes sont le roi et la reine. Le roi est la seule pièce que l'on ne puisse pas prendre. On peut seulement le mettre échec et mat : c'est alors que la partie prend fin.

► Pourquoi les cobras dansent-ils devant les charmeurs de serpents ?

Les serpents ne dansent pas vraiment au son de la flûte. Leur lent balancement ne fait que suivre les mouvements du charmeur, tandis qu'ils se préparent à plonger sur une proie.

Les cobras sont les serpents favoris des charmeurs indiens. Ils ne suivent pas la mélodie de la flûte. C'est la présence du charmeur et ses mouvements lents qui excitent le serpent et le font se dresser, le cou gonflé. Heureusement, les cobras sont peu rapides à s'élancer, et les charmeurs savant s'arrêter à temps.

Généralement, avant d'utiliser un serpent, le charmeur lui retire ses crochets. En effet, les cobras indiens sont très dangereux. Leur venin est un poison violent, et chaque année plusieurs milliers de gens meurent de leurs morsures. Cela se passe souvent à la nuit tombante, quand les cobras se glissent dans les maisons à la recherche de leur proie favorite : les rats.

◄ D'où viennent les marionnettes ?

Déjà, dans l'Antiquité, en Grèce et en Égypte, les spectacles de marionnettes étaient très populaires. Ils permettaient de raconter une épopée, des légendes, ou de faire rire le public en se moquant des gens.

Au XVIe siècle, en Italie, les spectacles de marionnettes étaient courants. Les marionnettistes allaient d'une ville à l'autre se produire dans les foires et sur les marchés. C'est au XVIe siècle qu'apparut en Italie le personnage de Pulcinella qui deviendra, au siècle suivant, Polichinelle en France, Punch en Angleterre. Et c'est à Lyon, vers 1808, que naquit le célèbre Guignol.

Pour animer une marionnette à gaine (comme Guignol), le marionnettiste y introduit sa main et ses doigts. Mais les marionnettes à fils paraissent plus vivantes : le marionnettiste se place, invisible, au-dessus du théâtre et manipule ses personnages à l'aide de fils attachés à leur tête et à leurs membres.

► Pourquoi la corrida est-elle le sport national de l'Espagne ?

Autrefois, les taureaux sauvages étaient, en Espagne, particulièrement dangereux. Ce sont leurs descendants qui, aujourd'hui, entrent dans l'arène et font de la corrida le sport favori de l'Espagne et de certains pays d'Amérique latine.

Le combat et le sacrifice du taureau est une très ancienne tradition des pays méditerranéens. Par exemple, en Crète, il y a 4 000 ans, les jeunes gens luttaient avec le taureau avant que le prêtre le tue. L'Espagne est le seul pays à avoir gardé, en la transformant, cette tradition.

De nos jours, les spectateurs recherchent d'abord le grand art avec lequel le matador utilise sa cape pour jouer dangereusement avec l'animal furieux. Il doit savoir faire frissonner la foule en approchant d'aussi près que possible les cornes du taureau. Mais le meilleur matador peut être encorné, et nombreux sont ceux qui ont laissé leur vie dans l'arène.

◂ Pourquoi tant de gens lisent-ils leur horoscope ?

L'astrologue croit que les astres, dans le ciel, ont une influence sur le caractère et la destinée des hommes. D'après lui, la carte du ciel, l'aspect des astres au moment de notre naissance permettent de prédire notre avenir.

L'astrologie était très répandue dans l'Antiquité. A la fin du XIXe siècle, elle avait presque disparu en France. Mais la plupart des journaux, au XXe siècle, ont créé une rubrique « horoscope » qui a remis l'astrologie à la mode.

L'horoscope de la presse donne à chacun des indications sur sa santé, sur ses chances en affaires et en amour, selon le signe du zodiaque sous lequel il est né : Poissons, Sagittaire, Bélier...

Beaucoup de gens lisent leur horoscope. Croient-ils vraiment en l'astrologie ? En général, non. Mais ils aiment se rassurer en pensant que leur destin est réglé d'avance et qu'ils peuvent, peut-être, le connaître...

▸ Pourquoi y a-t-il 52 cartes dans un jeu ?

Le nombre de cartes que contient actuellement un jeu a sans doute un rapport avec l'année lunaire. Il y a autant de cartes que de semaines dans l'année.

L'origine exacte des jeux de cartes reste inconnue. Les Chinois furent très vraisemblablement les premiers à les utiliser, de même qu'ils furent les premiers à savoir fabriquer le papier et à utiliser le papier-monnaie. La première allusion aux cartes remonte au Xe siècle, à l'époque de l'Empire des Liao.

C'est au XIIIe siècle que les cartes firent leur apparition en Italie. Les premiers jeux de cartes italiens comportaient 78 cartes. Mais depuis le XVIe siècle, le jeu que l'on utilise le plus couramment est le jeu français. Il comprend deux séries rouges de cœurs et de carreaux, ainsi que deux séries noires de piques et de trèfles.

◂ Les ventriloques ont une voix étrange : pourquoi ?

Les ventriloques peuvent parler sans presque remuer les lèvres. Ils font croire aux spectateurs qu'ils ne parlent pas du tout et que la voix qu'ils entendent vient de leur ventre, ou d'un mannequin qu'ils tiennent sur leurs genoux.

Le grand talent du ventriloque est d'arriver à faire croire au public qu'il ne prononce pas une seule parole. En réalité, il articule les mots en ne remuant pratiquement pas les lèvres. Pour assourdir sa voix, il comprime l'air dans sa poitrine et l'expulse très lentement. Il ouvre la bouche aussi peu que possible.

Le numéro du ventriloque est facilité si, près de lui, se trouve un objet d'où semble sortir la voix. Un mannequin, par exemple, fait très bien l'affaire. Entraînés par leur imagination, les spectateurs finissent par croire que c'est le mannequin qui parle. Cela réussit d'autant mieux que le ventriloque fait bouger les lèvres du mannequin.

▼ Pourquoi les Jeux olympiques ont-ils lieu tous les quatre ans ?

Les Jeux olympiques modernes, ceux que nous connaissons, ont été organisés pour la première fois en 1896. Et il fut alors décidé qu'ils auraient lieu tous les quatre ans. Car telle avait été la tradition pour les Jeux de l'ancienne Grèce.

Les Jeux olympiques s'appellent ainsi parce que ceux de l'Antiquité se déroulaient dans la ville grecque d'Olympie. Les premiers eurent lieu en 776 avant Jésus-Christ. Ils devinrent peu à peu l'une des manifestations les plus célèbres de l'Antiquité. Les athlètes venaient de fort loin pour s'y mesurer. Certains appartenaient à des États ennemis. Mais ils n'avaient rien à craindre, car ils étaient protégés par la trêve olympique qui imposait la paix pour toute la durée des compétitions. Depuis leur renaissance, les Jeux olympiques modernes ont lieu tous les quatre ans dans un pays différent.

▼ Qu'est-ce que le marathon ?

Le marathon est une spectaculaire épreuve d'athlétisme. C'est l'une des plus longues courses à pied. Elle se dispute sur une distance de 42,2 kilomètres. Elle doit son nom à une bataille de l'Antiquité.

En 490 av. J.-C., les Grecs arrêtèrent l'invasion des Perses dans la plaine de Marathon. Pour annoncer cette victoire, un soldat grec courut sans s'arrêter depuis le lieu de la bataille jusqu'à Athènes. Il franchit ainsi d'une seule traite une quarantaine de kilomètres. Puis il en mourut d'épuisement. Une épreuve d'endurance fut alors créée en l'honneur de cet exploit. Telle est l'origine du marathon.

Cette épreuve figure au programme de nos actuels Jeux olympiques, depuis leur création. Elle ne se dispute pas dans un stade, mais sur route. C'est ce qu'on appelle une course de grand fond, c'est-à-dire une course de très longue distance. Elle demande de la part des athlètes des qualités de résistance exceptionnelles.

▲ Sportifs amateurs ou professionnels : quelle différence ?

Pour les professionnels, le sport est un métier. C'est de cette façon qu'ils gagnent leur vie. Les amateurs, au contraire, n'ont pas le droit de se faire payer pour leurs performances.

Footballeurs, boxeurs ou joueurs de tennis professionnels reçoivent d'importantes sommes d'argent chaque fois qu'ils participent à des compétitions. Ils peuvent ainsi consacrer tout leur temps au sport. Mais il est interdit aux amateurs de toucher le moindre salaire pour prix de leurs efforts. Il leur faut donc gagner leur vie d'une autre façon. Et cela leur laisse moins de temps disponible pour s'entraîner. Les amateurs sont toutefois aidés par les organismes sportifs qui leur procurent gratuitement matériel, équipement, assistance médicale, moyens de transport, etc.

▼ A quoi servent les starting-blocks ?

Les starting-blocks servent à caler les pieds des coureurs sur la ligne de départ. Ils permettent de démarrer sans déraper. On ne les utilise que pour les courses de vitesse.

Autrefois, les coureurs prenaient le départ debout. Et puis, en 1884, un Écossais eut une idée ingénieuse. Ils s'accroupit sur la ligne de départ, un pied devant l'autre et les mains posées sur le sol. Son démarrage fut bien plus rapide que celui de ses concurrents. Et cette méthode fut aussitôt adoptée par tout le monde. Seulement, dans une telle position, le coureur doit pousser violemment sur ses pieds au moment du départ. Et il risque alors de déraper sur la cendrée de la piste.

C'est pour résoudre ce problème que l'on inventa les starting-blocks. Ce sont des cales solidement plantées dans le sol. Les pieds prennent appui dessus. Et le coureur peut ainsi s'élancer sans déraper.

▼ Courses de vitesse : pourquoi des lignes de départ décalées ?

Dans un stade, la bordure intérieure de la piste (la corde) est moins longue que la bordure extérieure. On ne peut donc faire partir les concurrents d'une course sur la même ligne. Car les coureurs les plus proches de la corde auraient alors moins de distance à parcourir que les autres.

Pour une épreuve de vitesse sur 100 mètres, il n'y a pas de problème : le parcours est en ligne droite. Mais si l'on dépasse cette distance, il y a des virages. Et le parcours est alors plus long à l'extérieur de la piste qu'à la corde.

Pour que tous les concurrents aient des chances égales, les positions de départ doivent donc être décalées. C'est pourquoi les plus proches de la corde sont placés en arrière de ceux qui se trouvent à l'extérieur.

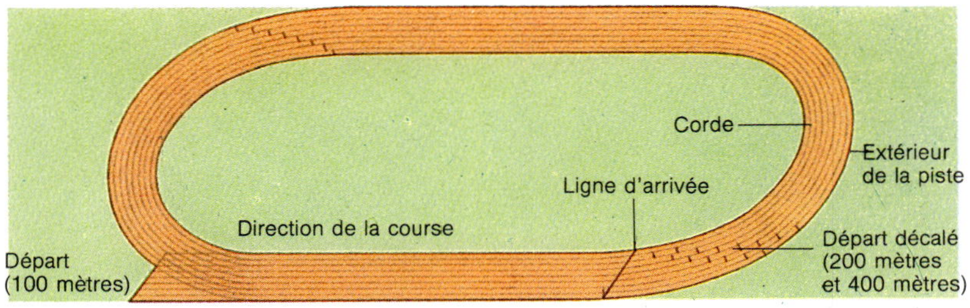

Starting-blocks.

▲ Qu'est-ce que la marche athlétique ?

Aussi bizarre que cela puisse paraître, il y a des « courses de marche » ! Elles sont même inscrites au programme des Jeux olympiques. Il s'agit évidemment d'une façon de marcher très spéciale : la marche athlétique.

La marche athlétique est une épreuve sportive tout à fait particulière. Elle n'a rien à voir avec la promenade. Elle n'a même qu'un lointain rapport avec la marche ordinaire. Mais il ne s'agit pas non plus de courir. Le règlement est très strict : on doit toujours conserver un pied en contact avec le sol. Autrement dit, il ne faut jamais faire des bonds, comme dans les autres types de course à pied.

Les concurrents avancent d'une démarche un peu saccadée, en balançant violemment les coudes repliés. Ils parviennent ainsi à atteindre jusqu'à 16 km/heure. Les épreuves olympiques sont de 20 et de 50 kilomètres.

▾ Pourquoi lance-t-on le disque ?

Le lancer du disque était très apprécié par les Grecs de l'Antiquité. Il a même inspiré des artistes et des poètes célèbres de cette époque. Et c'est en souvenir de ce glorieux passé qu'on le mit au programme des Jeux olympiques dès leur création en 1896.

Le disque ressemble un peu à deux assiettes refermées l'une contre l'autre. Son épaisseur dimi-

nue depuis le centre jusqu'à la bordure. Il pèse 2 kilos. Le lancer s'effectue à partir d'un cercle dont une partie est entourée par une cage grillagée. Ce grillage sert à protéger les spectateurs pour le cas où le disque ne serait pas envoyé dans la bonne direction. Le lanceur prend le disque bien à plat dans sa main. Puis il tourne sur lui-même pour donner à son bras le maximum d'élan. Les records du monde dépassent actuellement 71 mètres.

▾ Sauter à la perche : comment amortir la chute ?

Atterrir sur le dos ou sur les épaules depuis plus de cinq mètres de haut, c'est dangereux. Mais les sauteurs à la perche ne retombent pas directement sur le sol. Ils rebondissent sur un épais matelas rempli d'air ou de caoutchouc mousse.

Pour sauter à la perche, il faut être un peu acrobate. La perche est un grand bâton flexible qui

fait office de ressort. Après avoir couru près d'une quarantaine de mètres pour prendre de l'élan, on la pique dans le sol devant l'obstacle. D'un même mouvement, on tire sur ses bras en envoyant les jambes vers le haut. On doit ainsi s'élever suffisamment pour réussir à basculer par-dessus la barre d'obstacle. Et l'on retombe de l'autre côté en lâchant la perche. Les meilleurs sauteurs dépassent 5,80 mètres.

▾ Qu'est-ce qu'une course d'obstacles ?

C'est une course de vitesse ou d'endurance. Mais c'est en même temps une épreuve de souplesse et d'agilité. Car le parcours est coupé d'obstacles (haies) qu'il s'agit de franchir « dans la foulée », sans perdre son élan.

Il y a deux sortes de courses d'obstacles : la vitesse pure et l'endurance. Les principales épreuves de vitesse sont le 110 mètres haies et le 400 mètres

haies. Les obstacles (les haies) sont des petites barrières réparties à intervalles réguliers sur toute la longueur du parcours. On les franchit en lançant une jambe en avant, l'autre étant repliée sur le côté. L'épreuve d'endurance est le 3 000 mètres steeple. C'est une course de demi-fond. Le parcours comprend 28 sauts de haies et 7 sauts d'une rivière. Cette rivière est précédée d'une petite barrière sur laquelle on peut prendre appui au passage avec le pied ou la main.

▼ Pourquoi y a-t-il de la gymnastique aux Jeux olympiques ?

Les épreuves de gymnastique sont de véritables démonstrations d'acrobatie. Il y faut à la fois de la puissance et de la souplesse, de l'élégance et de la maîtrise de soi. C'est un sport complet qui mérite donc de figurer aux Jeux olympiques.

La gymnastique ne doit pas être confondue avec la culture physique. C'est un sport de compétition qui comprend deux sortes d'exercices. Les uns se font avec des appareils, les autres au sol. Pour les épreuves masculines, les appareils sont : barre fixe, barres parallèles, anneaux, saut de cheval, cheval d'arçon. Pour les épreuves féminines : poutre, barres asymétriques (situées à deux hauteurs différentes) et saut de cheval. Les exercices au sol sont des séries d'enchaînements acrobatiques, c'est-à-dire d'acrobaties successives.

▼ Le tennis est-il un sport ancien ?

A la fin du Moyen Age, rois et seigneurs aimaient jouer à se renvoyer une balle par-dessus un filet à l'aide d'une raquette. Ce jeu s'appelait la paume. Il est l'ancêtre du tennis.

« Tenez ! » criaient les joueurs de paume pour prévenir leur adversaire au moment d'envoyer la balle. Et c'est cet avertissement légèrement déformé qui donna son nom au tennis. Celui-ci est né il y a un peu plus d'un siècle en Angleterre. Il conserve toutefois bien des similitudes avec l'ancien jeu de paume. Le matériel a été amélioré. Les dimensions du terrain ne sont plus les mêmes. Mais il s'agit toujours de frapper une balle avec une raquette pour l'envoyer par-dessus un filet. Et puis la façon de marquer les points en 15, 30 et 40 est également un héritage du jeu de paume. Ainsi, le tennis est une adaptation moderne d'un sport très ancien.

▼ Le golf est-il un sport difficile ?

Les règles du golf sont simples. Tout le monde peut les comprendre. Mais il faut de longues années d'entraînement pour devenir un joueur convenable.

Le terrain de golf comporte un certain nombre de trous (9 ou 18 en général). Le jeu consiste à faire entrer une petite balle dans chacun de ces trous, l'un après l'autre. On se sert pour cela de cannes spéciales appelées *clubs*. Le gagnant est évidemment celui qui parvient à effectuer ce parcours en un minimun de coups. A première vue, cela ne paraît pas très compliqué. Seulement, les trous n'ont qu'un diamètre d'une dizaine de centimètres. Et de l'un à l'autre, la distance varie de 100 à 450 mètres. Il faut donc énormément d'adresse pour placer la balle dans les trous en suivant le *par* (parcours idéal).

► D'où vient le maillot jaune du Tour de France ?

A chaque étape du Tour de France, le maillot jaune est porté par le coureur qui est le premier au classement général. C'est l'un des plus célèbres trophées du cyclisme.

Le premier Tour de France cycliste date de 1903. Il fut organisé par un journal sportif de l'époque, l'*Auto-vélo*. Or, ce journal était appelé « Le Jaune », car il était imprimé sur du papier de cette couleur. C'est pour cette raison qu'on choisit le jaune quand il fut décidé, en 1919, de faire porter un maillot distinctif au premier. Cet exemple fut suivi pour d'autres grandes épreuves cyclistes : maillot jaune également pour le Tour d'Espagne, maillot rose pour le *Giro* (le Tour d'Italie), blanc pour Paris-Nice...

► Coureurs automobiles : pourquoi des tenues spéciales ?

En cas d'accident, les voitures de course risquent de prendre feu. C'est pourquoi les pilotes portent des tenues qui leur assurent un minimum de protection contre les flammes et la fumée.

Les voitures de formule 1 sont de véritables bolides. Lorsqu'elles sont lancées à pleine vitesse, un dérapage ou une collision peut provoquer un accident mortel. Si les réservoirs explosent sous l'effet du choc, la voiture s'enflamme instantanément. Le pilote risque alors de brûler vif ou d'être asphyxié par les vapeurs d'essence. Leur combinaison isolante les protège pendant environ une minute contre le feu. Si rien ne les empêche de se dégager, ils ont ainsi le temps de s'en sortir.

◄ A quoi servent les ceintures de couleur au judo et au karaté ?

Au fur et à mesure qu'il se perfectionne, un judoka ou un karatéka porte une ceinture de couleur différente. La ceinture blanche est celle des débutants. Puis il y a la jaune, l'orange, la verte, la bleue, la marron et enfin la ceinture noire.

Au judo, il s'agit de projeter son adversaire au sol et de le maîtriser par une immobilisation. C'est une sorte de lutte. Le karaté, en revanche, est plutôt comparable à la boxe. Mais on utilise pour frapper toutes les armes du corps : poings, pieds, tranchant de la main, coudes, genoux. Ces deux sports sont originaires du Japon. Mais ils sont pratiqués aujourd'hui dans le monde entier. Et le judo figure au programme des Jeux olympiques.

▼ Pourquoi les lutteurs de sumo sont-ils énormes ?

Le sumo est une lutte traditionnelle du Japon. Les adversaires cherchent à se déséquilibrer en tirant parti de leur poids et de leur force. C'est pourquoi ce sont toujours des colosses qui peuvent peser plus de 150 kilos.

Le sumo se pratique depuis de nombreux siècles au Japon où il est extrêmement populaire. Le combat se déroule dans un cercle rempli de sable. Les règles en sont très simples. Il y a deux façons d'être vainqueur. Soit en faisant sortir son adversaire du cercle. Soit en lui faisant toucher le sol, même d'un seul doigt. Dans les deux cas, il s'agit de faire perdre l'équilibre à son adversaire. Les lutteurs de sumo utilisent de nombreuses prises. Ils font appel à toute leur colossale puissance musculaire. Mais ils font également preuve d'une surprenante agilité.

▼ Hockey sur glace : pourquoi protéger les joueurs ?

A pleine vitesse, un joueur de hockey sur glace peut dépasser 40 km/heure. Une chute ou une collision risque alors d'être dramatique. C'est pourquoi les règlements imposent des tenues de protection.

Le hockey sur glace est un sport rapide et violent. Dans leur élan, les joueurs se heurtent de plein fouet et les chutes sont fréquentes. Ils doivent donc s'équiper pour éviter le pire : casque, gants, coquille, jambières, rembourrage aux épaules et aux hanches. Le gardien de buts porte en outre des jambières plus importantes, un plastron et un masque qui protège son visage. Car c'est lui le plus exposé. Le palet que l'équipe adverse s'efforce de faire pénétrer dans ses buts est en caoutchouc très dur. Or, en pleine volée, il peut dépasser 150 km/heure.

▼ Pourquoi les boxeurs portent-ils des gants ?

Les gants servent à amortir les coups. Ainsi, les boxeurs ne risquent pas de se meurtrir les mains. Et ils ne risquent pas non plus de blesser trop gravement leur adversaire.

Les mains font partie des armes naturelles de l'homme. Mais elles sont relativement fragiles. Un choc violent peut briser les petits os dont elles sont formées. Pour se battre à coups de poings, Grecs et Romains se protégeaient avec des lanières de cuir entrelacées. Ils y ajoutaient parfois des garnitures métalliques. Ce système, efficace, était dangereux pour l'adversaire auquel il infligeait de graves blessures.

La boxe actuelle est née en Angleterre à la fin du siècle dernier. Dès sa création, ses règlements imposèrent l'usage de gants rembourrés. Ces gants protègent ainsi non seulement celui qui porte un coup, mais aussi celui qui le reçoit.

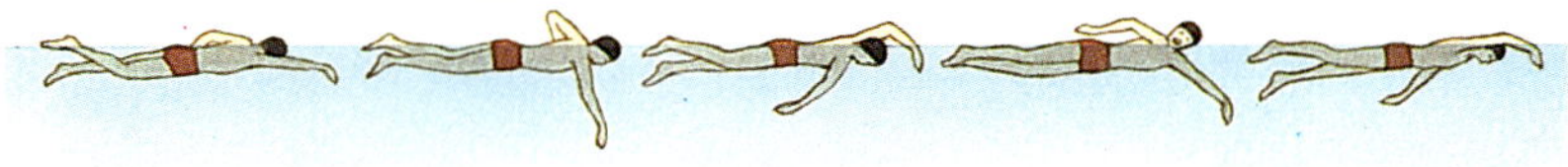

Crawl

Nage sur le dos

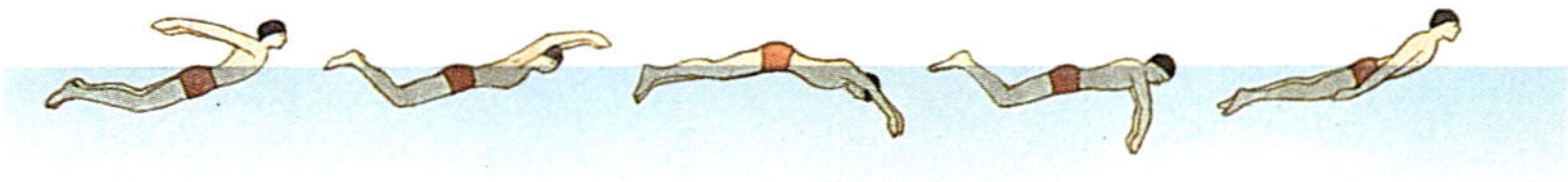

Brasse papillon

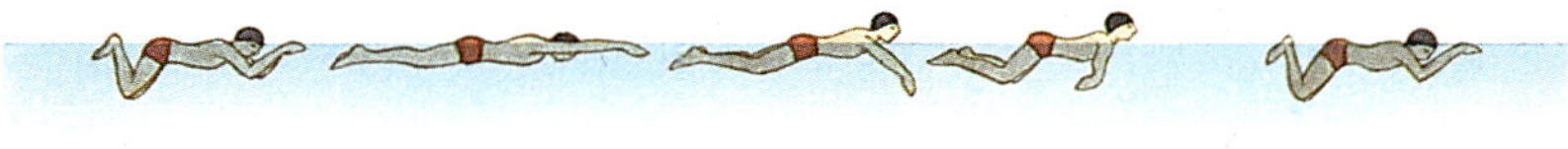

Brasse

▲ Pourquoi le crawl est-il plus rapide que la brasse ?

L'eau oppose une certaine résistance au passage de notre corps. C'est d'ailleurs pourquoi nous flottons facilement. Or, les mouvements du crawl permettent de vaincre cette résistance bien mieux que ceux de la brasse.

Pour nager le crawl, les bras exécutent des moulinets. A tour de rôle, ils sont projetés en l'air vers l'avant. Puis ils plongent pour pousser vers l'arrière. Ils sont les seuls à pénétrer en profondeur. Notre corps, lui, reste allongé à la surface. Il est ainsi à peine freiné par la résistance de l'eau. Avec la brasse, en revanche, le corps s'enfonce davantage. Aussi est-ce une nage plus lente.Mais elle a l'avantage d'être moins fatigante pour de longs parcours.

Le crawl et la brasse figurent dans les grandes compétitions de natation, qui comprennent aussi des épreuves de nage sur le dos et de papillon.

◄ Qu'est-ce que le surf ?

Il s'agit d'utiliser le déferlement des vagues pour glisser à la surface de la mer en se maintenant debout sur une planche. On ne peut pratiquer le surf que sur les côtes où les vagues forment des rouleaux puissants et réguliers.

La planche de surf mesure environ 2 mètres de long. Le surfer s'allonge dessus et s'éloigne vers le large en pagayant avec ses mains. Il lui faut attendre l'endroit où les grandes vagues commencent à se briser pour déferler vers le rivage. Alors il se met debout sur sa planche. Et le rouleau écumant le ramène ainsi rapidement à son point de départ.

► Pourquoi le football est-il si populaire ?

Le football est un sport dont les règles sont simples. En outre, il est sans danger et l'on peut commencer à y jouer très jeune. Aussi est-il largement répandu dans le monde entier.

Une partie de football oppose deux équipes de onze joueurs. Ces équipes se disputent un ballon qu'elles s'efforcent de faire pénétrer dans les buts de l'adversaire. A l'exception du gardien de buts, les joueurs n'ont le droit de toucher le ballon ni avec leurs mains, ni avec leurs bras. Ils le contrôlent avec leurs pieds et à coups de tête. La plus célèbre compétition de football est la Coupe du Monde. Elle a lieu tous les quatre ans. Elle est suivie par des millions de spectateurs.

▸ Pourquoi photographie-t-on l'arrivée des courses ?

Dans une course de vitesse, la plupart des concurrents franchissent la ligne d'arrivée presque en même temps. Il est alors impossible de les départager à l'œil nu. Seule la photographie permet d'établir un classement sans risque d'erreurs.

Dans les grandes compétitions internationales, les concurrents ont à peu près tous le même niveau. Ainsi, à l'arrivée d'un 100 mètres, l'écart entre les premiers n'est guère que de quelques dixièmes de secondes. L'œil humain est incapable d'apprécier avec précision des différences aussi infimes. On utilise donc la photographie pour enregistrer les résultats. Il s'agit d'appareils ultra-rapides qui prennent des dizaines de clichés à la seconde. Ils sont placés sur la ligne d'arrivée. Et ils se déclenchent automatiquement au passage des coureurs.

▸ Pourquoi les skis sont-ils si longs ?

Plus les skis sont longs, mieux ils soutiennent le poids de notre corps. Et nos déplacements sur la neige s'en trouvent facilités.

Les premiers skis étaient en bois et très larges. Ils assuraient un parfait équilibre sur la neige. Mais ils étaient lourds et lents. Ceux d'aujourd'hui sont généralement en métal, en plastique ou en fibre de verre. Leur souplesse et leur légèreté permettent des manœuvres et des déplacements très rapides. Dans les grandes épreuves de descente, les champions dépassent couramment les 100 kilomètres à l'heure. Des skis trop courts ne leur permettraient pas d'atteindre de telles vitesses.

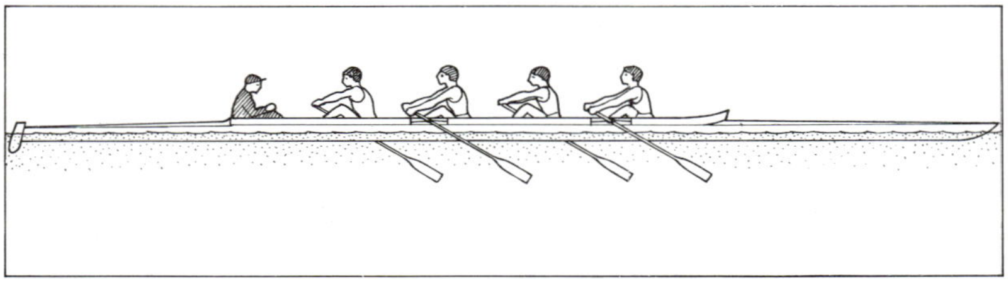

▴ Comment se compose une équipe d'aviron ?

Le nombre des rameurs varie selon la taille et le type des embarcations. De plus, certaines de ces embarcations sont prévues pour un équipier supplémentaire : le barreur.

Les embarcations les plus légères et les plus rapides sont les outriggers. Leurs avirons reposent sur des montants situés à l'extérieur de la coque. Les uns sont « armés en pointe » : chaque rameur ne manie qu'un seul aviron. Les autres sont « armés en couple » : le ou les rameurs disposent chacun de deux avirons. Ainsi, notre illustration représente un quatre de pointe barré : il y a quatre rameurs pour quatre avirons et un barreur au gouvernail.

Index

Les chiffres en *italique* renvoient aux illustrations

Q

R

S

CRÉDITS PHOTOGRAPHIQUES

Pages 24 B Seaphot/Richard Chesher 38 All-sport/Steve Powell, 39 Zefa/Corneel Voigt, 41 H Zefa/D. Davies, 41 B J. Allan Cash, 43 H Paul Brierley, 43 B Gene Cox, 44 J. Allan Cash, 51 J. Allan Cash, 53 H British Rail, 59, 62 & 63 Nasa, 67 M Lick Observatory, 69 M California Institute of Technology, 69 B Observatorium, Lund, Sweden, 70 Nasa, 72 Pat Morris, 73 British Antartic Survey, 78 Nasa, 81 M J. Allan Cash, 81 H Zefa/Sauer, 82 Nasa, 85 J. Allan Cash, 92 Novosti Press Agency, 93 H United Nations, 93 B G Popperfoto, 93 B D J. Allan Cash, 98 MEPhA/A. Duncan, 103 Picturepoint, 105 Zefa/Starfoto, 107 M Giraudon, 107 B Tate Gallery, 122 Colorsport, 114 G Colorsport, 114 M et D All-Sport/Tony Duffy, 115 All-Sport/Steve Powell, 116 H All-Sport, 116 M Colorsport, 116 B Zefa/H. Helmlinger, 117 All-Sport, 118 B Colorsport, 118 D All-Sport, 119 Colorsport. Couverture : dessins de M. Gilles, J. Poirier. En bas à gauche : photographie de Katia et Maurice Krafft.

Recherche iconographique : Penny Warn and Jackie Cookson.
Révision du texte : Ann Rocard.